安藤昌益再発見

現代によみがえる「いのちの思想家」

石渡博明
HIROAKI Ishiwata

花伝社

安藤昌益再発見——現代によみがえる「いのちの思想家」◆目次

はじめに　安藤昌益の魔力（聞き手：佐高 信）

――安藤の〝魅力〟、もっといえば〝魔力〟とは。

石渡　私の場合、学生時代、全共闘運動のシッポにくっついて運動をしていました。ここにしか真実はないと思う一方で、舶来の思想への事大主義的な傾向への違和感も感じていました。そういう時に昌益を知って、時代や地域は違っても同じことを言っている人がいることに驚きました。そして昌益を介せば自分のオヤジやオフクロにも、社会の矛盾や世直しについて話ができるんじゃないかと思いました。伝統的・土着的でありながら、日本的共同体の因循姑息《いんじゅんこそく》に縛られない突き抜けた普遍性を持っている、ここに惹《ひ》かれる人が多いようです。

――「江戸のマルクス」「江戸のルソー」と言われた昌益ですが、ほかの日本の思想家にはみられない儒教批判をしています。儒教というコップの中での批判ではなく、革命的に読み破る批判。それともう一方で「直耕」という考え方も大事な柱です。武士や殿様、寺の坊さんたち、働かない人たちが農民に寄生するのをストレートに批判する言葉です。

石渡　安藤昌益（一七〇三～一七六二）のことを私はこの間「いのちの思想家」と言っていま

すが、彼は人々の日々の営みを、宇宙のスケールで見ている。これは道教的なものとも重なりますが、基本は大地に足をつけた人間の自律的な思考です。

――今の世の中でも十分に有効性を持ちうるとお考えですか。

石渡　昌益は純農村の秋田県大館市郊外で生まれ、たぶん京都で勉学をし、江戸との繋がりはまだわかっていないのですが、八戸《はちのへ》に行きました。八戸は小藩でいわば日本の縮図と言えますから、都市の問題や階級制度、それにのっとった寄生生活がリアルに見えたのではないかと思います。そういうところから昌益は「不耕貪食《ふこうどんしょく》」、都市の虚飾の繁栄を撃った。これは現代の私たちの生活そのものへの問いかけです。

バーチャルなところで心身が支配される管理社会にあっても、生物存在としての人間は自然界の営みを離れては生きられない。そういう本質的なものを大切にしていくことが生き方の根本と考えたのです。かつて寺山修司は「書を捨てよ、町へ出よう」と言いましたが、それになぞらえて言うと昌益の思想は「書を捨てよ、野良へ出よう」です。

――もう一つ昌益で重要なのはエコロジストとしてのパイオニアとしての面ですね。

石渡　昌益は自然との共生を唱える中で、「天災は人災」と言って人間社会が吐き出す廃棄物が自然界を汚染するという面にも目を向けています。昌益を通すとさまざまなことが見えてきます。

――私の師匠である久野収の師匠が昌益を見出した狩野亨吉《かのうこうきち》なんです。しかしアカデミズムか

ら出てきた学者は昌益に本気で惚れない。「知は盗みの根」などと批判していますからね。昌益研究は広がっているんですか。

石渡　一九九二年の「国際フェスティバル・イン八戸」や生誕三〇〇年を記念した大館でのシンポジウムでは、学者ではなく普通の人が昌益に興味を持ってきています。今年（二〇〇七年）、ゆかりの地・千住ではシンポジウムや講談、一人芝居によるフェスティバルが開かれました。昌益はもっと広がっていい人だと思います。

附記

本書には、現在では差別語、差別用語として一般には使用を忌避される語彙が頻出しますが、他の言葉への置き換えが利かないものや、置き換えたのでは意味をなさないものもあり、また、差別表現を考える際には、一つひとつの語彙よりも文脈（使用者の意図）の方が重要である点などに鑑み、使用された原典の時代状況などを共に考えていただくためにも、敢えてそのまま引用していますので、ご了解のほどをよろしくお願いします。

第1章

甦る安藤昌益

1　安藤昌益を甦らせる人（聞き手：山本恭司『未来共創新聞』編集長）

――いまなぜ安藤昌益を論じることが大事なのでしょうか。

石渡　安藤昌益は今から二五〇年も前（江戸中期）の日本の、東北の片田舎で生まれ活躍し、亡くなった人物ですが、昌益は私には二一世紀の現在においても時代の先行者に思えます。

彼の思想から私たちが学ぶべきは、その「根源性」と「スケール感」にあると思われます。「根源性」とは、人間のいのちの尊厳を思想の中心に据え、自然を見失わない社会観、社会を見失わない自然観を構築したことにあります。また、「スケール感」でいえば、昌益の自然観は、壮大な宇宙誌・生命誌としてありますし、その社会観は、偏狭なナショナリズムを越えて、世界大の「平和で平等な未来」を希求したことにあります。まさに二一世紀の指針にもなりうる思想家です。

広島・長崎の惨禍、そしてビキニ・チェルノブイリ・福島原発事故を経て、西洋近代科学技術・西洋的自然観の問題性が露わになりました。第二次世界大戦後、アジア・アフリカ・ラテンアメリカの多くの国々が植民地主義のくびきから解放されながらも、いまだに過去の西洋「帝国主義」による世界支配・世界分割の後遺症は癒えていません。

　9・11以来、いのちの尊厳を冒涜する困難な事態が、西洋キリスト教圏とイスラム圏の間などで起きています。こうした世界の現実に対して、東洋的原理を単純対置するのではなく、「東洋的原理」への根源的批判者でもある安藤昌益の思想は、きわめて示唆的であり有効でもあると考えられるからです。

――戦後、カナダ人外交官のハーバート・ノーマンが『忘れられた思想家』として安藤昌益に光を当てました。なぜ忘れられ、またどのような経緯で発掘されたのでしょうか。

石渡　安藤昌益は、ごく一部の人々を除いてはほとんど知られることもなく、歴史の表舞台から姿を消していました。昌益が知られなかった理由はいくつか考えられます。

　まず一つには、昌益は世に受け入れられよう、顕《あらわ》れようという自己主張・自己宣伝的な生き方とは逆で、昌益が活躍した八戸藩（青森県八戸市）の公式記録には、謙譲を旨とする昌益の奥ゆかしい生き方のエピソードが残されています。

　二つ目には、昌益が生きて活躍した場が、京都や大阪、江戸といった「文化の中心地」ではなく、八戸や大館（秋田県大館市）といった「みちのく《道の奥》」の辺陬《へんすう》の地であったということがありそうです。

　三つ目には、時代に受け入れられなかった昌益の思想が、二度までも弾圧の対象になってしまったということがあります。一度目は昌益生前のことで、昌益唯一の公刊本が当時の出版コードに触れて出版弾圧に遭い、一部出版元が降りてしまったり、後篇が未公刊になったりということがありました。二度目は昌益死後のこと、晩年に帰省した大館では、昌益の影響で農民が神仏から自立して寺社の経営が成り立たなくなってしまったため、僧侶や神官によって農民が弾圧され、昌益の死後にその影響を払拭、抹殺して歴史の闇に葬り去ったということがあります。

四つ目には、昌益の言っていることがあまりにも本質的で当然なことなので、庶民の胸にはスーッと入っても、学者先生にはかえって受け入れにくかった、できなかったという問題があります。

直耕正人の未来共創へ

石渡　安藤昌益発見の最大の功労者は狩野亨吉という人物です。国民的作家である夏目漱石は、亨吉を「学長や教授や博士などよりも種類の違うたエライ人」と終生尊敬しました。亨吉は三四歳にして一高校長（今の東大教養学部長）、そして京都帝国大学文科大学初代学長を歴任、明治の超エリートの一人でありました。

膨大な古書の収集家としても知られていた亨吉の許へ、『自然真営道《しぜんしんえいどう》』という見たことも聞いたこともない原稿本百巻が本郷の古本屋から届けられます。おそらくは「こんな訳の分からない本でも、あの本好きの狩野先生なら買ってくれるだろう」と当て込んで……。

「アチコチ拾い読み」した亨吉も、「あまりに其の大胆な意見に驚き、テッキリ狂人の書いたものに相違ない」と考えて、「狂人研究の参考にも」と、一時期は近代精神医学の開拓者、呉《くれ》秀三《しゅうぞう》に貸し与えていました。何しろ、東洋の精神世界において「聖人」と讃えられてきた中国歴代王朝の皇帝や孔子、孟子はおろか、仏教の開祖である釈迦までも「不耕貪食の徒」（働かずに食を貪る搾取者・寄生者）とこき下ろしているのですから。

ところが、「ある時、フト思いつく事があって」、本格的な研究を始めます。「再び之《これ》を取り寄せてよく読んでみ」ると「今まで難解でかつ誰の著とも判らなかったこの書が追々《おいおい》と読める様になっ」たというのです。

「ある時、フト思いつく事があって」というのは、一九〇五（明治三八）年の第一次ロシア革命の衝撃ではないかというのが、狩野亨吉研究の第一人者・鈴木正先生の見解です。ロシア革命の衝撃とは、社会の主人公は、権力の座にあぐらをかき人々の上に君臨していた皇帝や貴族＝「不耕貪食の徒」ではなく、実は労働者・農民等、働くものの側＝「直耕《ちょっこう》の民」ではないかという、伝統的な社会観・貴賤観のコペルニクス的転倒でした。

そしてこの年に、アインシュタインが「特殊相対性理論」を発表。ニュートン力学的な静的に統一された自然観に対する、今に続く動的な宇宙観、自然観が幕開けします。

亨吉は昌益の「互性活真《ごせいかっしん》」の自然観を、相対性理論を手掛かりにしながら読み解いていきます。そして亨吉は、昌益との〝出会い〟によって公職を一切捨て、市井《しせい》の一人として没しました。

――その亨吉は漱石の死を看取り、葬儀で弔辞を読むほど肝胆相照らす知己だったのですね。

石渡　そうです。亨吉は一九〇八（明治四一）年、教え子が主宰する雑誌『内外教育評論』に「大思想家あり」と題するインタビュー記事を発表。これが安藤昌益の日本思想史への事実上のデビューとなったのです。

――農民の出であった安藤昌益は「直耕」ということを大事にし強調します。これは単に田んぼを耕して米を作ることを意味するのではないと聞いております。どのような意味が込められているのでしょうか。

石渡　安藤昌益の創始した「直耕」という言葉は、「直《てずから》耕《たがやす》」とも読まれるように、また農民を指して「直耕の民」という言葉が昌益の著作で繰り返し使われているように、先にも触れた「不耕貪食」の反対概念として、第一義的には「田んぼを耕して米（食糧）を作る」こと、つまり農業労働を指すことは言うまでもありません。

　ただ、なにごとも根源的に考える思想家であった昌益にあっては、「直耕」という言葉は同時に、時々刻々と生成・運動してやまない「無始無終」の宇宙の永遠の営みそのものをも意味します。昌益によれば、「転定《てんち》」（天地宇宙のこと）は、目には見えないものの活《い》きて真《まこと》なる、宇宙の根源的実在である「活真」の運動（「直耕」）によって生じたものであり、その転定が運回（「直耕」）して地上（「央土《おうど》」）に四季が生じ、「万物が生成して尽きることが無い」とされます。

そればかりではありません。鳥獣虫魚の「四類」（動物）による「大が小を食らう」という自然界の食物連鎖が「四類の直耕」、「草木」（植物）が大地から栄養を得て花開き実を結ぶのが「草木の直耕」と呼ばれるように、自然界のエネルギー循環、新陳代謝が「直耕」の一語で表されます。さらに、炉における煮炊きによってなまの食材が食物に転化することが「炉の直耕」、胃の消化作用で食物が心身を支える栄養に転化することが「胃の直耕」と言われるように、「直耕」という言葉は宇宙万物の存在法則・運動法則を表す昌益思想の基本中の基本範疇でもあるのです。それは、昌益思想が『自然真営道』というように「自然《しぜん》」の語で表象されることと表裏の関係をなしていると言えます。

『自然真営道』は関東大震災でその九割が焼失、現存するのはそのわずか一割にすぎませんが、ただ一人、全巻を通読した狩野亨吉は、「自然という文字の連発……行列をなしていると云《い》うべきか……およそ古今東西の書物で自然と云う語をかくも多く用いているのは断じて無いと思われる」と言っているように、昌益の思想の核心は「自然」という語にあると言えます。

「活真」が「いきてまこと」と読まれるように、「自然」の語も「自《ひと》り然《す》る」「わがする」「われとする」……と読み下され、宇宙の全存在は「微塵に至るまで」自らの内部に宿る生命力に促されて生成・運動し、自己開示する一大生命体であるとされます。そして、この「自然」を擬人化し、主体的に表現したものが、「直耕」であると言えましょう。

――安藤昌益は男女平等と人間平等、そして人それぞれの違いを積極的に肯定していますね。

石渡　江戸時代の日本社会は士農工商と被差別民とによる封建的身分差別の社会でした。しかし、昌益の場合は、「人間」平等論を社会思想の基本に置いて著書の随所で述べています。しかも単なる平等論ではなく、不耕貪食する武士などは「国の虱《しらみ》」、社会の寄生虫に過ぎない、農民こそが真人間だと、労働貴賤観を一八〇度転倒している点が特に注目されます。

男女平等についても、不妊の原因がもっぱら女性の側に帰せられ「石女《うまずめ》」という言葉しかない時代に「不産男《うまずお》」という言葉を対置し、「女子は、幼き時は親に従い、長じては夫に従い、老いては子に従う」という三従《さんじゅう》の教えも批判しています。「男女にして一人、上無く下無くすべて互性にして二別（差別）無し」と、男と女が祖互に必要とされ、相互に補い合う存在（互性）であり、上下の差別などない平等な存在であることを一貫して主張し、晩年には「男女」と書いて「ひと」と読ませるほどの徹底ぶりを示しています。

しかも昌益の平等論は多様性や個性の尊重と一体、表裏の関係にあるものとして考えられていました。昌益のもう一つの主著『統道真伝《とうどうしんでん》』の禽獣巻には、「人面全く同じからず、心術同じからざるの論」という極めて魅力的な章があります。

昌益はここで、人は何万人いようとも人類としては普遍的・共通な存在であり、平等であり一体であると言い、その一方で「万万面・万万形・万万心」、顔立ちも体つきも気持ちも「同じからざるがゆえに、よく万国通用して、世界常なり」と、人々それぞれに個性的・多様な存在であるからこそ世の中が成り立っていると言っています。

これは、豊かな才能がありながら夭折《ようせつ》した大正期の女性詩人・金子みすゞの詩「みんなちがって、みんないい」を彷彿とさせます。昌益が、しなやかな感性のもち主であったことが窺《うかが》えます。

――安藤昌益が「天災は人災だ」と言っているのはどのような意味でしょうか。

石渡　宇宙の全存在を一大生命体と見る昌益は、人と天地宇宙とは呼吸しあっており、人の呼気は天の吸気であり、人の吸気は天の呼気であるという見方をしています。本来は清浄で正常な気のやりとりをしている人間と自然界ですが、人間が欲望によって汚染された気を自然界に吐き出すと、それを吸い込んだ自然界の気（河川や大気）も汚染されて気の変調・乱調を引き起こして人間に襲いかかってくるというのです。

欲望を全面開花させ、経済一辺倒、開発一辺倒で環境破壊・環境汚染を繰り返してきた戦後日本は一時期、公害列島・公害先進国、公害の見本市と言われ、福島原発の爆発による放射能汚染にまで至ってしまいました。

天災は人災であるというもう一つの意味は、気候変動や異常気象といった「天災」が人々を襲う際、社会の在り様やシステムが災害を増幅しているとすれば、それは単なる「天災」とは言えないというのです。

３・11の地震・津波による被害は、それこそ「天災」のもたらしたものですが、防災体制や防災意識の違いによって被害の程度に地域差が出ます。原発事故に至っては、その生産物（電力）を利用している東京をはじめとした首都圏の人びとに被害が少なく、生産地に住む住民の多くが放射能汚染や土地を奪われる被害に遭っています。こうした不公平・不公正な被害の在り様は「人災」そのものと言っていいのではないでしょうか。

北昤吉《れいきち》という早稲田大学の先生が、大東亜戦争を恒久平和をもたらすための世界最終戦争と位置づけるために『戦争の哲学』（一九四三年、大理書房刊）という本を著し、有史以来の戦争是認論、戦争否認論を渉猟《しょうりょう》している中で、安藤昌益も取り上げています。

北は、戦争是認論として、古代ギリシャのヘラクレイトスに始まってビスマルク、トライチュケらを取り上げ、一方、戦争否認論としてはギリシャの詩人・ホメロスに始まってトゥキディデス、キケロ、ルター等を経てカント、ガンディー、トルストイなどを紹介しています。

そして、中国古代の老子、孟子を取り上げ、墨子についてかなり詳しく紹介した後、安藤昌益については「恐らく、徹底非戦論者としての日本唯一の思想家たるのみならず、諸外国にも類例なきものと称することが出来よう」と、その平和主義が人類史上特筆に値する旨を詳細に論じています。昌益は、軍備の全廃、軍事研究の撤廃を説いて「直接的暴力」を否定しました。

現代平和論の定礎者として知られる、ノルウェーのヨハン・ガルトゥングは、「平和」の反対概念は「戦争」ではなく「暴力」であるとしています。

そして暴力には戦争、拷問、テロ、リンチのような「直接的暴力」のほかに、搾取や支配・抑圧、環境破壊や機会の剥奪、不平等など、社会に組み込まれていて目には見えにくい「構造的暴力」があると指摘しています。

昌益は、有史以来の権力社会・階級社会を「法世《ほうせい》」と名付け、これを搾取・抑圧・支配のシステムであると批判しています。これは「構造的暴力」批判にあたるでしょう。

そして三つ目が「文化的暴力」です。

人々の欲望を掻きたて、金銀の虜《とりこ》にして人心破壊をもたらす金銭崇拝の世の中や、人々を搾取・抑圧・支配する権力者を「治世」と称して擁護する儒教、実体としてありもしない地獄・極楽といった幻想で人々を脅し、功徳と称してお布施を巻き上げて寄生生活を正当化する仏教への批判は「文化的暴力」批判に相当します。

まさに安藤昌益は元禄の世のガルトゥングと言ってもいいでしょう。

――石渡さんが安藤昌益を「いのちの思想家」と呼んでおられるのはどういう意味でしょうか。

石渡　中国古代に生まれ育った伝統医学の「本道」は、皇帝や家長の病を治療するためのものとして開発されました。だから、医学の体系も成人男性の病気の治療（内科）が中心で、婦人科や小児科は巻末に付録扱いで記述されているに過ぎませんでした。

しかし、「いのち」を根源として見た昌益医学は、『安藤昌益全集』の監修者・寺尾五郎さんが解明したように、いのちの誕生――男女の性愛をその医学、医書の冒頭に置き、婦人科・小児科・五官を支える耳鼻咽喉科の順に体系化しました。

「いのち」の出発点は、男性の精子（精液）と女性の卵子（経血）の出会いによる「一滴水」

から始まります。手足も目鼻もない「一滴水」が、そのうちに宿した可能性（五行）が「自《ひと》り然《す》る」内発的な発展に促されて手足や目鼻となって花開き、この世に人間として生まれてくるのです。昌益は、出産は医者が自ら手を下して執り行うべき重大事であると考えました。

昌益は、人間が穀物を消化・吸収していのちを繋ぎ、排泄した糞尿が、さらには死んで肉体そのものが土に還り、植物の食物となって再び穀物に結実し、新たないのちを支えるという自然界の摂理、自然界の食物循環・エネルギー循環を見ていたのです。

したがって、死は単に悲しむべきことがらではなく、新たないのちへと引き継がれていく、いのちのバトンタッチの一過程であると、ダイナミックな生命観を持っていました。

――ありがとうございました。

２　３・11と安藤昌益没後二五〇年

二〇一二年は、「いのちの思想家」安藤昌益が亡くなって二五〇年、昌益を歴史の闇から救い出し甦らせた明治期の大教育者・大思想家で夏目漱石が終生敬愛した狩野亨吉が亡くなって七〇年、という記念すべき年に当たる。「天災は……天災に非《あら》ず、人災なり」と喝破した安藤昌益が生きていたとしたら、このたびの事態をどのように見たであろうか。

このたびの事態とは、言うまでもなく、二〇一一年三月一一日に東日本を襲った大地震とそれに伴う巨大津波、そして未だに収束の目途はおろか実態の把握すらできていない福島第一原発の爆発事故と拡大・拡散し続ける放射能による地球汚染という一連の事態についてである。不幸にしてＦＵＫＵＳＨＩＭＡはＴＳＵＮＡＭＩに続いてというべきか、ＨＩＲＯＳＨＩＭＡ・ＮＡＧＡＳＡＫＩに続いてというべきか、国際語になってしまったのである。

そして、こうした二重性こそ、このたびの事態の深刻さ、重大さ——自然災害と人災、国策という名で進められてきた国家犯罪と企業犯罪による人命軽視・人権蹂躙——を物語っていると言えよう。特に後者について言えば、死者一万五〇〇〇余人、行方不明者三五〇〇余人という、阪神・淡路大震災の死者・行方不明者六五〇〇人弱を大きく上回る、地震・津波による直接の被災者への追悼・鎮魂が、その後の列島弧を席巻した原発事故騒ぎでかき消され・呑みこまれるという、死者を鞭打ち凌辱するかのような過酷な状況を作り出しているからである。

「天災は……天災に非ず、人災なり」とは、現存する昌益の著作では『統道真伝』「糺聖失《きゅうせいしつ》巻」および「万国巻」に見られるフレーズで、江戸時代中期を生きた昌益の人災論は、もとより現代人の考える人災論とそのまま一致するわけではなく、天譴《てんけん》論、天罰論と評する論者もいるもののようである。したがって、東日本大地震と津波による被災を「天罰」と言って人々の顰蹙《ひんしゅく》を買い、発言撤回に追い込まれた石原慎太郎東京都知事のそれと表面上は重なるように見えるものだが、本質はまったく違っている。

天譴論、天罰論にはもともと災いをもたらす天地自然への畏《おそ》れとともに、人々に生き方の反省を促す精神主義的な側面がある。が、「我欲」の典型であり東京都知事という行政の長の一人である石原慎太郎による、自身の我欲・自身の責任性を棚に上げた「天罰」発言は、たまたま大規模な被災をしなかった東京という自治体の長という安全圏の高みから、自身の責任回避を予《あらかじ》め確保した上で、自身の生き方への一片の反省も見られない、相も変わらぬ無神経・無責任なそれであった。文学者としての想像力も感性のかけらもない被災者への冒瀆であり、ご都合主義・便乗主義による精神主義の押し付けである。人々の反発は、我欲の権化たる「あんたにゃ、それを言われたくない」という、ごくごくまっとうなものであり、大方の顰蹙《ひんしゅく》を買い発言撤回に追い込まれたのも当然であろう。一方、このたびの事態を受けて、これまでの経済一辺倒・経済万能主義・欲望拡大路線に違和感をもって生きてきた人々の中には、人間が悪いことばかりをしていればいつかはバチが当たるもの、これを機会に反省し、生き方を変えなければならないと考えた人々も多かったのではないだろうか。遅まきながらとは言え、石原に比べ、極めてまっとうな庶民の感性・感受性によって。

ところで昌益の「天災は人災」論であるが、それは一見、伝統的・精神主義的な天譴論を継承しているかに見えながら、運気論者であり自然哲学者である昌益の説く災害論として、実はまったく独自なもの、唯物論的なそれとなっている。昌益によれば、人と天地自然は呼吸し合っているという。人が欲望のままに生き、欲心によって汚された気が天地に吐き出されれば、天地の気を汚し天地の気をかく乱し、自然災害がもたらされるというのである。自然内存在である人間は、自然に生かされ自然とともに生きているのだから、人間が吐き出すものは自然界に還りやがては人間に還ってくる、人間の廃棄物が自然界を汚染すればそれはそのまま人間に還ってくる、結果として人間に災いをもたらすのだという生態循環論、自然環境論である。

つまり、自然との共生——自然界の法則性への理解と対応、自然界への畏敬——を欠いた人間本位の社会の在り様、人々の生き方は、欲望のままに拡大する乱獲・乱開発のように、また科学技術への物神崇拝の結果、制御不可能な核廃棄物を抱え込んでしまった原発のように、自然を破壊し自然界を汚染するもの、人間社会を汚染し人間存在を破壊・抹殺するものとして、警鐘を鳴らされ、弾劾されるのである。「諸難・万災は……天より之れを受くる故に天災と為すと雖《いえど》も、本、人より出づる故に、天災に非ず、人災なり」と説かれる所以である。

巨大地震・巨大津波による被災はもとより自然災害であり、昌益のいう「天災は人災」論には当たらない部分もあるが、一方、被災の程度、規模に関して言えば、過去の震災、津波被害をどれだけ教訓化し、自然災害への備えを行なってきたか、逆に怠ってきたか——自然への対応を的確になしえたか、なしえなかったか、によって大きな違いが出てしまったもののようで、「天災は人災」論の側面が大きかったことも見逃せない。

人災というよりも犯罪、したがって事故というよりも事件といった方が相応しい、東京電力福島第一原子力発電所の爆発について言えば、昌益の警告は今もそのまま生きていると言っていいだろう。「原子力ムラ」と言われる「五賊」（国家権力＝政治家・官僚、電力資本、御用科学者、御用マスコミ）による反社会的・反人類的な犯罪は、昌益による構造的暴力批判・文化的暴力批判が時代を超えた普遍的な価値をもつものであることを、そのまま裏書きしているかのようである。

昌益は封建的身分制——士農工商という四民制の工（職人）批判のところで、いのちから、大地の生命力・生産力から切り離された都市の職人、聖人（権力者）に囲われた職人（科学者・技術者）が、自らの生計維持のため、自らの欲望の充足のため、反社会的な願望をいだくようになるさまを「職欲」という言葉で告発している。現在でも、不景気に際して、戦争特需を期待する「どこかで戦争でも起きてくれないか」というつぶやきが繰り返されるのと同じように。

昌益は言う、「工は、己れが職欲に迷ふ《う》て世に火難有らんことを願う者之《こ》れ有り」と。社会性・公共性を無視し、人類社会の存続に反してまで、自らの研究欲・開発欲のままに業績——地位であり名誉であり、見返りとしての金銭である——を追求する御用学者の在り様をそのまま撃っているかのようである。

ちなみに昌益は、公共の福祉・人類の発展、科学技術の進歩発展という言説のいかがわしさ、虚偽性——もっともらしい言葉の裏での私利・私欲の追求についても「天下の通用の自由に似て」という言葉で告発している。昌益は言う、「聖人、美家・城郭の為、諸器自由の為、美服・美食・美栄の為、軍用の為、皆、己れを利せんが為の兼用なり。是《こ》れ、天下の通用の自由に似て、奢《おご》り費《つい》えの端と為る……珍物通用の自由に似て甚だしき天下の費え……工功積もるに至りて大器の船をつくる失《あやま》りの致す所」と。ここでも、「エネルギー確保のため」「経済の安定的発展のため」「科学技術の発展のため」と称して反自然的な原子力発電所を建設し、現場設計技術者による重大事故の「想定」を経済性や確率論の名の下に葬っておきながら、いざ事故が起こると「想定外」と言い募り、責任回避に終始する原発推進論者、電力資本の言説のいかがわしさをそのまま撃っているかのようである。

いや、そもそも学者という存在そのものが私欲の塊、我欲の塊であると昌益は告発している。学問などと高尚ぶってみても、専門知識をひけらかしたところで、所詮は食うためではないか、と。昌益は言う、「学問は何の為ぞや、唯《ただ》己れを利し、寛楽を願ふ《う》の名なり」「高く説き広く述べても売買の商を為し、食衣の為のみなり」「学と欲とは体と影の如し」と。したがって、人々は専門家・学者の言葉の裏の真実を、言葉のウソを見抜かなければならない、と。「安全神話」などに惑わされてはいけない、一人ひとりが精神的に自立しなければならない、と。

そしてまた、昌益一門は、江戸・大阪・京都という大都市の虚飾の繁栄を維持するため、「不耕貪食の徒」の栄耀栄華のために強制される「直耕の衆人」たる農民・農村への収奪、地方への収奪を、一貫して告発・弾劾し、自力更生と相互扶助に基づき、適地適産と不足を融通しあい交易しあう、農を基軸とした平和で平等な社会「自然世《しぜんせい》」を希求していた。それはそのまま、都市の電力供給のため、都市の繁栄のため、原発交付金と称して地方経済を破壊し、原発依存症の「原子力ムラ」を作りだし、地方に原発建設を、危険を押し付けてきた、戦後日本社会の在り様――差別構造・収奪構造を告発しているかのようである。

ちなみに、二〇一二年一二月一〇日、くしくも目標の五万人をはるかに超えた六万人を結集した9・19「さようなら原発五万人集会」の行なわれた明治公園に隣接した日本青年館では、日本版ピューリッツァー賞として知られる「平和・協同ジャーナリスト基金」による基金賞の贈呈式が行なわれた。大賞には早くから原発労働者をはじめとする被ばく者問題を取り上げていたフォト・ジャーナリスト樋口健二さんの『原発崩壊』(合同出版)が選ばれ、奨励賞も含めて受賞者の有益な挨拶が続いたが、中でも興味を引かれたのが、ケビン・メア米国務省日本部長の沖縄差別発言をスクープした共同通信編集委員の石山栄一郎さんの発言だった。石山さんの指摘によれば、この日本には「原子力ムラ」同様、「日米安保ムラ」が存在し、両者は人的に重なる部分も多く、価値観も多くを共有しているとのことである。

思えば、二〇一一年は日米開戦七〇年という節目の年でもあった。マスコミでは、「日米関係は敵対からトモダチへ」と、震災・津波被害にかこつけた米軍の「トモダチ作戦」をさもいいことであるかのように、あたかも歴史を教訓化して日米関係が進歩発展したことの証しでもあるかのように描いていた。だが、考えてみれば、そもそも日本の原発開発・原発推進は、アメリカの要請で、アメリカの技術指導の下、推し進められてきた経緯にあった。そればかりではない、沖縄の普天間基地の問題もＴＰＰの問題も、日本社会を振り回してきた重大問題のすべてはアメリカに集約される問題であり、アメリカ発の問題であった。

「敗戦後」に対置して「震災後」という言説が取り沙汰される昨今ではあるが、事態はもっと深刻なのではないだろうか。天皇制ファシズム国家・軍事一辺倒の果てにもたらされた敗戦を受けて、経済一辺倒の果てにもたらされた福島原発事故に象徴される戦後民主主義国家・日本社会の在り様にとどまらず、差別と抑圧に貫かれた近代日本史の見直しが迫られているのである。それればかりではない、原発報道の洪水の前に等閑に付されてしまった感のある「アラブ民衆革命」を視野に入れるならば、西洋近代資本主義の母体ともなった植民地主義以降の世界史の一環として、日本の歴史そのものが問われていると言ってもいいだろう。没後二五〇年を迎える安藤昌益の思想は、そのためにこそ読み継がれ、読み直されなければなるまい。

3　福島原発事故に「谷中」を思う

田中正造没後一〇〇年と安藤昌益生誕三一〇年

昨今の国境・領土問題を口実にした偏狭なナショナリズム＝排外主義が、何ら普遍性を持つものではなく歴史な産物であり、二一世紀を生きる私たち地球市民が依拠すべきものでないことは、「安藤昌益の歴史意識とナショナリズム」（第5章1）と題して別に論じたところであり、再論はさけるが、一点だけ触れておきたいことがある。

それは、「竹島」（独島）、「尖閣列島」（魚釣台列島）、北方四島といった、隣国と境を接しその帰属、利害をめぐって論争のある「国境」問題、「領土」問題ではなく、日本国民はもとより世界中のだれもが日本の「領土」であると考えて怪しむところのない、かつては多くの日本人が住み日々の平和な生活を営んでいた福島県の一部「国土」についてである。

二〇一一年三月一一日に起きた東日本大震災とそれに伴う巨大津波は、多くの人命を奪い、様々な被害を生みだし、人々の心にいまだ癒されることのない大きな傷跡を残していることは言うまでもないが、地震・津波の被害についてだけ言えば、いまだ途上にあるとは言え、いずれは果されるであろう復興という未来がある。ところが、同時に引き起こされた東京電力福島第一原子力発電所の爆発事故＝放射能汚染は、依然として地球環境そのものを日々汚染し続けているばかりか、ほぼ永久に郷里へ帰ることのできない多くの日本人「難民」を生みだしている。かつての郷土は「廃村」「廃町」に追いやられ、「国土」の一部が放射能汚染によって事実上、奪われてしまっている。復興はおろか、未来そのものが奪われてしまっているのである。

が、偏狭なナショナリストの多くは、ここでの国土喪失という「領土」問題については、意図的に言及しないばかりか、許しがたいことに、あいかわらずの原発維持論者・原発推進論者でさえあるのだ。将来の核武装に備えて。しかも、原発事故と放射能汚染は、一部識者の警告、反対運動にいっさい耳を貸さず、警告を切り捨て、安全神話を捏造してまで原発建設に邁進してきた電力会社による企業犯罪であり、それを擁護し推進してきた国家犯罪でありながら、というよりも企業犯罪、国家犯罪であるからこそだが、いまだに責任者・犯罪者が一人として、投獄はおろか、責任の追及さえもされていないのである。

国策による私企業擁護と環境汚染、「廃村」という事態は、私には、日本近代の公害問題の原点といわれる足尾鉱毒事件、谷中村「廃村」と二重写しになって見える。折しも今年（二〇一三年）は、近代日本の公害反対運動の先駆者・田中正造（一八四一〜一九一三）の没後一〇〇年であり、日本エコロジーの先駆者・安藤昌益の生誕三一〇年であるところから、この二人を軸に、公害と環境汚染をもたらす「文明」と、それに対抗する伝統的地域共同体の問題について考えてみたい。

田中正造が「人生は一生に一度、一大事業に当たれば足れり」として、若き日の自由民権運動を継承する形で、終生、谷中の「難民」とともに足尾銅山鉱毒事件を告発し、闘い続けたことは、今日では多くの人々の知るところである。

田中正造の闘いとは、直接的には渡良瀬川に鉱毒を垂れ流し続け、沿岸住民三〇万人のいのちと生活を脅かす足尾銅山を経営する古河鉱業への操業停止の訴えであったが、その本質は、「東洋一」を誇った古河鉱業に代表される、明治政府による「富国強兵」をスローガンとする西洋資本主義的、帝国主義的な国づくり——その終着点は、第二次世界大戦によって日本人民はおろか、アジア・太平洋地域住民を始めとして二〇〇〇万人にも及ぶ犠牲者を生んだ——大ニッポン帝国そのものであり、さらに言えば西洋近代資本主義「文明」への闘いそのものであった。

だからこそ正造には、「原子力ムラ」ならぬ「古河ムラ」が見えたのである。鉱毒事件をないものとして企業犯罪を隠蔽し擁護してはばからない明治政府、鉱毒問題を治水問題にすり替え、金で反対運動を買収し切り崩し、虚偽の答弁を繰り返すことなど朝飯前といった官吏の在り方、人民にではなく国家に奉仕する官吏を養成する国立大学、専門家「科学者」、さらには学問の在り方、明治の国づくりの虚偽性、虚妄性そのものが見えたのである。

正造は言う、「国民として国土の天産と自国の長所をすてて、一も二も何もかも附加随心、長も短も皆西洋にかぶれ……日本外面今日の形に見る処、その内部の精神は禽獣同然に陥り……日本の亡国は我をしらずしてただ呑噬《どんぜい》（他国を侵略し領土とすること）を事とする亡国なり」「学生を見よ。何学生でも皆、人民を救う学文を見ず……経済なり、政治なり、人民を責め欺《あざむ》きて自分のふところを……農民を虐げるもののみである……いかに学力はあってもその知識は悪である」「人民は愚であっても正直で常に前後を考え、百年の計をなすに、官吏……ことに上級官吏等はこれに反し、百年どころか一年の計もなくして、ただ一刻一刻欲ばかりのみ。その日その日の椅子の安全を計るのみ。ゆえに常に姑息《こそく》のみ。これを信ずるは大誤りと申すべし。人民は人民の経験を信じて一歩譲るべからず」と。

正造には、若き日の「村の政治」の経験があった。それは村民の総意に基づく伝統的な自治であり、幕藩権力から独立した地域共同体を基盤とした政治の在り様であり、伝統に根ざした人々の生活の存在であった。だからこそ、そうした伝統に生きてきた谷中村の滅亡に最後まで寄り添い、明治政府が目指した西洋「文明」の虚妄性を見据え、「真の文明は山を荒さず、川を荒さず、村を破らず、人を殺さざるべし」と、喝破できたのである。

正造を遡ること約一五〇年、この列島弧には安藤昌益という卓越した思想家がいた。昌益もまた、眼前の徳川幕藩体制、それを支える官学イデオロギーとしての儒教道徳、庶民宗教としての仏教道徳、中国・インドから渡来した当時の東洋文明の総体を虚偽のイデオロギー――人々の真実を覆い隠すもの、人々の科学的思考力を奪うもの――として終始、告発していた。

恩恵下賜的、上意下達、他律的な文明観、無意識のうちに力ある者、金のある者にすり寄り、媚《こ》び諂《へつら》うことを強いる文明観への告発である。

こうした告発は、ややもすると反文明と受け取られる。現に一部の環境倫理学者は、昌益の伝統文明批判を「昌益の提案に従って、文字も学問もなく、鳥や動物を友とする完全に自然的な生活をするとしよう。そのイメージにいちばんぴったりなのは、ターザンの生活だろう」などと揶揄して悦に入っている。「反原発でサルになる」と、最後まで原発推進、科学盲信を手放さなかった「戦後思想の巨人」（虚人？）吉本某そっくりの物言いで。

昌益が依拠したのは、田中正造と同じく、伝統農民が営々として築いてきた生活の知恵であり、文字はなくとも親から子へ、子から孫へと受け継がれてきた伝統社会に普遍的なモラル、地球上のあらゆるところに存在した平和で平等な共生社会であり、大地に根差した主体的な生き方であり、私はこれを鶴見和子などが七〇年代中葉に唱えた、非西洋資本主義的発展論＝内発的発展論の先駆けと見ている。

田中正造が闘いの中で学んだこと、谷中村の農民から学んだことは、明治維新以来の日本の国づくり、さらには現代の私たちをも呪縛している「進んだ欧米、遅れた日本」「進んだ日本、遅れたアジア（アフリカ・ラテンアメリカ）」といった西洋近代資本主義、それを支える西洋近代科学技術一辺倒の、恩恵下賜的、上意下達的な文明観への異議申し立てであり、伝統農民による根太い世紀を越えた主体的な生きざまであった。

昌益は江戸時代中期にあって、田中正造と同じ文明観を持ち、同じ未来を夢見ていた。足尾、広島・長崎・ビキニ……水俣、福島……と、近代西洋資本主義文明の負の遺産によって人々のいのちが、人々の生活が蹂躙されてきた多くの苦い歴史をもつ日本列島弧に生を受けた私たちは、今こそ昌益、正造の思想的遺産を生かさなければならないのではないだろうか。

4　狩野亨吉の安藤昌益論を再読する

はじめに

二〇一二年三月三一日、日本図書館協会から発行された『日本図書館雑誌』三月号（通巻第一〇六〇号）の「ウチの図書館お宝紹介！」欄に東北大学附属図書館蔵の「狩野文庫」についての紹介記事が掲載された。わずか二ページの短い紹介記事ということもあってか、狩野の人物紹介、狩野文庫の受入経緯、利用状況の紹介はあるものの、安藤昌益については一言も触れられずじまいであった。時の経過が狩野と昌益のつながりを若い執筆者に想起させられなかったものと見え、当方の発信力の弱さを今さらながら痛感させられた。

ところで、二〇一二年は、安藤昌益没後二五〇年、昌益の発見者・狩野亨吉の没後七〇年という記念の年に当たる。現在、中野の「変革のアソシエ」講座で「いのちの思想家安藤昌益」を担当し、今年度ではや四期目に入ることから、派生した「安藤昌益研究史を辿《たど》る会」では月に一度、戦前からの昌益研究論文の読み合せ会を続けている。ということで、昌益研究の古典中の古典、狩野の「安藤昌益」についても当然のこととして取り上げてきた。

以下、そこでの読み合わせを基に、狩野の安藤昌益論について振り返ってみたい。「天津教《あまつきょう》古文書の研究」（一九三六年）で「竹内文書」の贋作《がんさく》性を根底から暴いたものとして、今でも超古代史家を悔しがらせるほどの冴えを見せた「鑑定士」狩野にしても、現時点から見れば明らかな事実誤認や思い違いもあり、今後、狩野の昌益論を参照するにあたって、それなりの交通整理も含めて考察してみたい。

狩野の昌益論ないし昌益研究で活字化されたものは、大きく言って三つある。

一つは、言うまでもなく、安藤昌益の存在を初めて世に知らしめた雑誌『内外教育評論』第三号（一九〇八年一月、内外教育評論社刊）に掲載された某文学博士の談話記事「大思想家あり」である。

二つ目は、あまり知られていないが、文学士・大森金五郎が責任編輯《へんしゅう》をした雑誌『中央史壇』の第一一巻第三号（一九二四年九月、国史講習会刊）の「大震火災第二周年紀念　文献之記録　九月号」に掲載された大森金五郎の聞き書き「狩野博士と其《その》珍書」である。

三つ目が、岩波講座『世界思潮』第三冊（一九二八年五月）の狩野自身の手になる唯一の文献「安藤昌益」であり、今なお昌益研究の基本文献中の基本文献である。

が、その前に「狩野博士と其珍書」について少しく紹介しておきたい。雑誌『中央史壇』は既述のように、国史講習会の発行になる月刊の歴史雑誌で、奥付の住所によれば同会は今も歴史書の出版で知られる「雄山閣」に事務所を置いていたもののようである。

関東大震災、「帝都」の大火災、歴史文献の大量喪失という未曾有の経験を受けて、震災翌年の一九二三（大正一二）年九月発行の同誌は、大森金五郎の特別編輯による「大震災復興一周年紀念　文献の喪失文化の破壊」と題する特別号を発行し、全ページを費やして宮内省図書寮・湯島聖堂・東京博物館をはじめとした「書庫博物館等の罹災《りさい》状況」を報告している。

「狩野博士と其珍書」は、震災後二年目、第二弾の特集号に掲載されたもので、本号も足利学校・金沢文庫を始めとした文献の罹災記録がほとんどを占め、時間が経過した分、内容も多岐にわたり、「書林より見たる書籍板木等の損害」では、狩野と昌益の著作にもゆかりのある老舗古書店の浅倉屋・文行堂・吉田書店の主人からの罹災報告が収録されている。

目次に「狩野博士と其珍書」とある大森金五郎の文章は、本文では「狩野博士とその珍書」とあり、本文の前に「左《さ》は本年六月二日狩野博士が蓬屋《ほうおく》に見えて物語りたる大意を記し、同君の校訂を経たものである」と断り書きがあり、狩野が目を通したという意味では実質的に狩野の手になるものと見て差し支えあるまい。

なお、著作も少なく自身についても語るところ少ない狩野による稿本『自然真営道』およびその発見にまつわるエピソードの多くは、一般に渡辺大濤《だいとう》著『安藤昌益と自然真営道』（一九三〇年、木星社書院刊）の「序」に拠っているものと思われているが、大濤の記すところの多くは、言葉づかいから推して大森による本稿に負っているもののようである。

本稿はＢ５判で七ページにわたり、冒頭で「狩野亨吉博士は古書蒐集家として東都で著名であるが、嘗《かつ》て同氏が愛蔵の珍書であった安藤昌益著自然真営道（九〇冊）、藤岡由蔵日記（二六〇冊）、慶長より大正に至る各種の暦凡《およそ》千冊を一昨年の大震火災の際、帝大の図書館で全部灰燼《かいじん》となした事は単に同氏の痛惜であるのみならず、斯道《しどう》のため嘆息の至りである」と記しているが、藤岡由蔵日記については「東京市で約三分の二ばかり写し取ってある」ためか、最後に四行ほど触れられているのみで、全体は専ら狩野の語る『自然真営道』発見記と昌益の思想内容の概要紹介に充てられている（以下、「珍書」と略記する）。

狩野による稿本「自然真営道」入手の経緯

狩野は「大思想家あり」（以下、「大思想家」と略記）では、稿本『自然真営道』の入手経路について「左様、此本《この》は古本屋から買ったのである」としか述べていないが、「珍書」では古書店の名が「書肆《しょし》田中喜代造」である旨が明かされている。

なお、渡辺大濤の『安藤昌益と自然真営道』の「序」では「本郷森川町の書肆田中清造氏」となっており、「清造」は「喜代造」のようであるが、今となってはどちらか定かではない。

また、入手時期は「大思想家」では触れられていないが、「珍書」では「明治三〇年の頃」とあり「安藤昌益」（『世界思潮』）では狩野自身によって「明治三二年の頃」と特定されている。

旧蔵者についても「大思想家」では触れられておらず、「珍書」では「府下千住の橋本律蔵氏の所蔵」であったものが、浅倉屋の主人が「手にかけ」たものの「直《す》ぐさま内田天正堂に売った」とのことであり、「安藤昌益」でも「自然真営道の原稿を持伝えた人は北千住町の橋本律蔵である」と明言されている。

ちなみに、橋本律蔵は一八八二（明治一五）年に亡くなっており、律蔵の生前からの知己であった浅倉屋の主人・吉田久兵衛によれば「この年（明治一七年—筆者注）に北千住の橋本律蔵さんと申す藁屋《わらや》の米店、その御家の蔵書を頂いた事があります。これは残らず仏書と漢籍ばかりでしたが……後年有名になった『自然真営道』もこの御家からでたものです」との証言をしている（『紙魚《しみ》の昔がたり明治大正篇』一九九〇年、八木書店刊）。

なお、内田天正堂については「珍書」に「当時帝大の史料編纂掛《へんさんかかり》に居た」とあり、大濤がそれを受けて「内田氏は橋本律蔵氏の友人であるところから、兼々《かねがね》橋本氏から自然真営道の噂《うわ》さを聞いていたとのことであった。また内田氏は内田銀蔵博士の縁戚で、篤学者《とくがくしゃ》として知られ、特に自然真営道を珍蔵していたが同氏も今は故人である」と『安藤昌益と自然真営道』の「序」で述べているが、この記述はやや疑わしい。

なぜならば、「珍書」の末尾近くで、狩野が「橋本（律蔵）氏は多少この書が分かったものと見えて折々内田銀蔵氏の父（友人なりしゆえ）などと語り合うたのを内田博士も耳にした事もあったが、如何《いか》なる書かは知らなかった」とあるエピソードが、同じ内田姓のため、大濤の中で混同されたものと思われるからである。

昌益の身元とその周辺

「大思想家」で狩野は、当初、稿本『自然真営道』の著者について「此《この》大思想家は大方大抵《たいてい》の人が知らない、其《それ》は何故かと言えば、此人の書を誰れも読んだことが無いだろうからだ」として「歴史上に顕著でない」旨《むね》を示した上で、「此書は本名を名乗って無いが、種々探索して名丈《だけ》を知ることを得た」として談話の最後に〝安藤昌益〟という名を明かし、『内外教育評論』の記者であり狩野の弟子として紹介記事を買って出、人物探索の協力者たらんとした木山熊次郎は、わざわざ活字のポイントを上げてその名を強調している。

そして人物像については、「最初は此書は狂人が書いたのだろうと思って、手に入った後も当分は能《よ》く読まなかったし、又中には狂的のような論を書いているし、文字の使用なども全く独得だから十分気をつけなかった」という。が、「段々読むと、中々捨て難《がた》い面白いところがある」「日本の哲学者というと誰も能《よ》く三浦梅軒（梅園の誤り――筆者注）を挙げるが、自分の見る所では梅軒などよりか、遥かに大規模で哲学観が深い……此人は梅軒などと比較すべきものではない。或《あるい》は此人は狂人ではないかと今でも多少は思わぬでも無いが、自分は兎《と》に角《かく》此人が非凡であった事は認めねばならぬと信ずる」と評価の転換があった旨を告げている。

そして伝記的事実について「大思想家」では「生国《しょうごく》は秋田県だ、其の後八戸辺《あたり》に行っていたらしい……学問は深いとは言えぬが一通り種々の本を読んで居るようだ。本人は医者であったと見えて医学上の知識は当時の人として随分あった様だ……性質は極《ごく》穏和の方で……門人もあり、其門人中の神山《かみやま》などと云う人間は、八戸で相当の家らしかったなどを見れば狂人でも無かったらしい」と人物像と関連人物とを紹介した上で、「著者の人物性行というのかネ、其れが能く分らん、それを知りたいのだ……手掛りが無い、何しろ不思議の人間だ」として、身元調査への協力を訴えている。

そして、「珍書」では「著者は秋田の人で門人も彼地此地《あちこち》にあった事が判った……此書の著者は確龍堂良中《かくりゅうどうりょうちゅう》とありて、本名は最初分らなかったが……安藤昌益であると云う事が推定された。その門人とても大抵匿名であるが、八戸の神山仙確（本名は仙菴《せんあん》といい八戸の奥医である）というなどがあり、之《これ》はしかも有力な門人であったのである」「いかなる身分の人か、どうして学問をしたか、夫等《それら》がトンと分らない」として、一時は同じ秋田出身で幕末の経世家・佐藤信淵《のぶひろ》（一七六九〜一八五〇）の「父の著であろうという説もあった」旨を紹介している。

そして、「大思想家」では、「哲学的方面といおうか、日本では唯一の、又、大なる哲学者とも云うべき人」と言っていた評価が、「珍書」では「日本の国土が生んだ最大の思想家」へと確定した。

ただ、その後の「安藤昌益」では、「確龍堂良中と号し、出羽国《でわのくに》久保田即ち今の秋田市の人である」として、それまでの「秋田県」「秋田の人」から「秋田市」へと出生地をしぼりこんで特定したが、これは狩野の思い込みによる誤読で、一九七四年に石垣忠吉《ちゅうきち》が秋田の文城・

大館「城都」の郊外、二井田《にいだ》の旧家・一関家から昌益晩年の関係文書を見出し生没地を確認するまでは、狩野自身をも呪縛してしまったもののようである。

狩野は「奥羽地方の人や其他の人にも少しは話し」、自身でも秋田や八戸に出向いており、一九二七（昭和二）年には自身の郷里である大館にまで足を運びながら、「大館を素通りし、花輪に宿《やど》った……私の用は書巻のことであるから、大館には用がなかったのである」（『秋田教育』第一九六号、一九三六年）と述懐しているように、昌益の生地を秋田「市」とばかり思い込んで、大館を「秋田城都」とは想定できなかったもののようである。

昌益の著作についての考察

「大思想家」は、狩野が稿本『自然真営道』を入手し、当初、狂人研究用にと近代日本精神医学の泰斗《たいと》、呉秀三に数年間貸し出していたところが、「フト思いつく事があって」「取り寄せて読んで見ると、今迄《いままで》難解で誰の著とも判らなかった此書が追々《おいおい》と読める様になって来た」のを受けて、一高時代の教え子、木山熊次郎の協力を得て安藤昌益の名と思想の概要を初めて公にしたものである。

なお、「フト思いつく事があって」とは、「大思想家」を遡ること三年、一九〇五年に起きた第一次ロシア革命とアインシュタインの「特殊相対性理論」の発表という世界史上の二つの重大事件に触発されたものではないかと思われる。この点については、拙著『安藤昌益の世界』

（二〇〇七年、草思社刊）を参照されたい。

そして「珍書」は、関東大震災で昌益の著作のすべてが灰燼に帰してしまい失意の中、参照すべき文献が何もなく、狩野の記憶とほんのわずかのメモ書きに基づいて大森金五郎に物語」ったものである。

そうした中、関東大震災の後に福岡高等学校の教授、文学士・浅井虎夫から『分類書籍目録』（もとは宝暦三巻目録）に、「孔子一世辨記　二冊　安藤良中　自然真営道　三冊　同」という記事がある旨の通信を受け、また震災の翌年、下谷の吉田書店から稿本『自然真営道』の一部と思しき「人相視表知裏通察巻」三冊を購入、さらには翌々年、上野黒門町の文行堂から『統道真伝』四巻五冊を購入することができ、「ポツ〳〵と一部づつでも再び手に入ったのは不思議である」として、失意の底から立ち直りを見せてきたと思われる一九二八（昭和三）年、大震災から五年後の五月発行の岩波講座『世界思潮』の第三冊に、「安藤昌益」は掲載されたのである。

ちなみに、この時点ではまだ、三上参次に貸し出していて災禍を免れ、今に残る稿本『自然真営道』一三冊についてはその存在が確認されておらず、当然のこととして参照されていない。一部に入手したばかりの『統道真伝』からの引用があるものの、基本的には「珍書」と同じように、やはり狩野の記憶とほんのわずかのメモ書きに基づいて執筆されたものであろう。

狩野は、「大思想家」で「此書は全部九十三冊から出来て居る」「書物の名は……自然真営道というのである……全体の組織は、字書を論じ、儒書を論じ、其《それ》から仏書、韻字、韻学、制法、神書、運気、医、本草《ほんぞう》、易を論じて」として稿本『自然真営道』の概要を紹介している。

そして「珍書」では「九十冊もあるとはよく書いたものだ」として「宝暦五年の序文がある」と稿本『自然真営道』の成立年について初めて言及し「同書九十巻のうち二十四巻までは破邪《はじゃ》の巻で、餘《よ》の六十餘巻が顕正《けんせい》の巻である。而《しか》して第二十四巻は法世之《の》巻といい、第二十五巻は真道論巻という」と、稿本『自然真営道』全体の構成を明かし、「通読して最も興味を感ずるのは破邪之《の》巻にして又著者の識見の窺《うかが》わるべきもこの部分である」として「破邪之巻」を高く評価し、「而して法世より自然世に至るべき道程」を「百年後を期しようとして」「此《こ》の書をかき遺した」ものと見ていた。

一方「本人は医者であった」と見ていたが、昌益の医学論――真営道医学が収録された稿本『自然真営道』本書分（顕正之《の》巻）については、「人間は五穀（特に米）の性ありとて食物などから進化論めきたるものを陳べたなど感ずるべき節もある」と一部評価はしていたものの、「彼の学殖を現わすものであって有《あ》らゆる方面に亘《わた》り、量に於ては不足を云えない。しかし遺憾ながら取るべき所が甚だ少ない」「欧羅巴《ヨーロッパ》に行なわれた哲理などに通暁したという訳でもなく、稍《やや》ゝ支那の五行説に囚《とら》われた様な所もあって、感心はできない」として、否定的な評価を下していたもののようである。なお、筆跡については、「安藤の自筆本で、最後まで書き加えなどして居たものと見える」と、その印象を語っている。

また、福岡の浅井虎夫から存在を知らされた刊本『自然真営道』について「珍書」では、「此書が公に出版された事は絶対になかろうと、思っていた」ので、『宝暦書籍目録』にその名がある旨の報告を受け、「意外の事であった」と驚きを隠せないでいた。そして「安藤昌益」では「未だ見ぬ本の内容を評したもので推測から出ている」と断りながらも「彼は先ず遠廻《とおまわり》的なる略本を公刊して世人を啓発することに勉《つと》め、機熟するを見て全本を示そうとしたに違いがない」として、「人心を刺激する如《ごと》き具体的の議論を試みなかった」、いわば当時の出版コードに触れる気遣いのない、「物理学の理論ばかりを説いた様な」「略本」という見方をしていたようである。

狩野が刊本『自然真営道』を入手したのは、「安藤昌益」を執筆して四年後の一九三二（昭和七）年のことであり、「未だ見ぬ本の内容を」「物理学の理論ばかりを説いた様な」ものと「推測」したことの炯眼《けいがん》には驚くほかないが、享保七（一七二二）年に定められた「出版条目」に象徴される江戸期の出版事情、徳川封建社会における「お上」の権威・権力による言論統制は、狩野の推測、昌益の思惑を遥かに上回って過酷であった。

なぜならば、一九七二年八月、神山仙確の蔵印や書きこみのある刊本『自然真営道』が、八戸郊外、南郷村の村上家から発見され、発見者にちなんで刊本『自然真営道』村上本と呼び慣わされているが、本書と狩野の購入した刊本『自然真営道』慶応本とでは大きな違いがあったからである。

つまり「公にすべきものと公にすべからざるものとの区別を知って」公刊したはずの『自然真営道』だったが、実は「出版条目」に触れ、当初は京都と江戸の版元《はんもと》による共同出版の予定だったものが、江戸の版元が板木《はんぎ》から名前を削って降りざるを得なくなり、また内容の一部が差し替えを余儀なくされていたのである。

次に、吉田書店で購入した「自然真営道（人相篇）三冊」については、「写本の工合《ぐあい》が新しいから内田氏時代のものと考えられる」と判断したもののようであるが、評価、位置づけは残されていない。

なお、文行堂で購入した『統道真伝』について「珍書」では、「見ると真道統傳（ママ）（五冊）とあり、中には自然真統道とあり、第一巻に糺聖失《きゅうせいしつ》とあるので、無論疑いもなく安藤昌益著の自然真営道の中のものである……是《これ》は門人の写し取ったものである」として、稿本『自然真営道』の一部の写本であったような理解を示している。

そして「安藤昌益」では『統道真伝』について、「其本は原稿ではなく門人が写したと思わるるもので、五冊あるが完本ではない。此本を獲《え》て幾分《いくぶん》損失を恢復《かいふく》した様な気がしたものの、此書は門人に示す為の抄録《しょうろく》のごとく思われ、概要を瞰《うかが》うことは出来るが、内容の上にも修辞の上にも著しい差異があって、同一人の著述としては甚《はなは》だ見劣りがするのである」として、はなはだ評価が低い。また、「抄録」「完本でない」という言葉にも見られるように、ここでも稿本『自然真営道』の一部の写本であるかのような理解を示している。

こうした稿本『自然真営道』一〇〇巻本がまずあり、『統道真伝』はその「抄録」、刊本『自然真営道』は弾圧を避けて公刊された「略本」という狩野の捉え方は、現在では当然にも修正されざるを得ない。

戦後になって八戸では、中里進によって『博聞抜粋《はくもん》』『暦之大意《こよみの》』『確龍先生韻経書《いんきょうしょ》』といった昌益初期資料が発見され、また『九州史学』第三号（一九五九年）掲載の西尾陽太郎の論文「自然真営道『三巻本』と『百巻本』との関連について」、および西尾とは独立に香川大学の卒業論文「昌益の著作から考える」（一九七二年）で竹下和男が解析して見せたように、昌益の著作についての書誌学的研究が進んだからである。

現在では、昌益の著作の執筆時期は、基本用語の使われ方や頻度から推して、伝統的な価値観をそのまま踏襲していた「陰陽」五行論の時代（『博聞抜粋』『暦之大意』等）、伝統的な価値観へのラディカルな批判を行なった「進退」五行十気論の時代（刊本『自然真営道』三巻本、稿本『自然真営道』第一〜第一四巻、『統道真伝』）、晩期の「進退」「四行八気」論の時代（稿本『自然真営道』「大序」巻、「法世物語」巻、「真道哲論」巻、および「人相」巻、医学巻）と、大別されるようになった。

特に「宝暦五年」の年記のある稿本『自然真営道』第一〜第一四巻は、農文協版『安藤昌益全集』編集の過程で、実は「自然真営道」という題箋《だいせん》の下に「学問統括」という別の題箋が付された独立したシリーズものであったことが判明し、「序」にある「宝暦五年」という年記も稿本『自然真営道』全体の年記ではなく、「学問統括」の完成時に記されたものであると見られるようになってきた。

こうしたことから筆者は、稿本『自然真営道』百巻本とは、神山仙確が昌益亡きあと、執筆年代の異なる師の遺稿を一〇〇巻のアンソロジーにまとめた「安藤昌益遺稿全集」とでもいうべきものと見ている。

昌益の人物および思想についての考察

では、以下、肝心の狩野による昌益論を見てみよう。

狩野は、「大思想家」で、昌益の「性質は極《ごく》穏和の方」で、説くところは「人間は一切平等主義のもので、種々の階級とか、君臣など云う者は不自然なもの」として「当時の徳川の世」を批判し、「人間は穀物を食って生活するから、穀物と同様な原子から出来て居る。故に農作に従うが最も自然に協《かな》い、此農作の為には誰でも苟《いやし》くも人間たらば、一様平等に働かねばならぬ」という「農本主義」で、「一種の社会主義、又は無政府主義に類して居る」と見ていた。

そのため、「今の思想界に之《これ》を紹介するは、面白くあるまいとの懸念から」、「其説を……好んで世に紹介」するわけにもいかず、「記者」（木山熊次郎）による大要の「紹介に止めて置かざるを得ない、と考えていたもののようである。とは言え、「人物性行を……知りたいのだ」という狩野の強い思いがあり、「識者の一顧を願い度《たく》」「記者の許に御報《しら》せあらば難有《ありがたく》」、止むに止まれず記事にしたのだ、と注書きしている。

事実、「大思想家」の紹介記事が出たわずか二週間後、大阪の『日本平民新聞』が「百五十年前の無政府主義者・安藤昌益」と題して昌益の紹介記事を掲載すると、その三年後には大逆事件が引き起こされたのである。大逆事件は、明治政府によって捏造された近代日本最大の冤罪事件とは言え、多くの文学者・思想家がその後、韜晦《とうかい》した生き方を強いられたように、狩野にとっても「無政府主義」という言業は二度と使うことが憚《はばか》られるものになってしまったと思われる。

そのため「珍書」で狩野は、「或《あるい》は社会主義者などの耳に入り、彼等はよい味方を得たかのような積《つも》りで、よい加減に尾鰭《おひれ》をつけてこの説を紹介する者などもあった」として、利用主義への違和を表明している。

いずれにしても、狩野は当初「狂人の書いたものに相違ないと思」っていたが、「フト思いつく事があって……読んでみると……当時として是れ丈《だけ》の論のあるのは、実に驚嘆すべき事」と評価が一八〇度変わった旨を伝えるとともに、「極めて平和主義で……これが此人《このひと》の一特色といふべき」で、「一夫一妻を説いて居り」「今日の左傾派」とは違うところだとして、当時の運動、運動家に苦言を呈している。

そして、「法世《ほうせい》より自然世《しぜんせい》に至るべき道程……橋渡し……に就《つ》いては農本共産主義によらねばならぬ」と概括しながらも、「共産主義といっても、帝王も認め、……是等は今日の左傾派流の説と稍《やや》異なる」として、現実の主義者と一定の距離を置いている。

こうした談話記事での昌益紹介を経ながら、狩野自身の筆になる唯一の昌益紹介論文である「安藤昌益」では一、安藤昌益と其著自然真営道、二、安藤昌益の思想の経路、三、安藤昌益の人物、四、自然の正しき見方、五、互性活真、六、救世観の六章に分けて論じている。

狩野が天皇制ファシズム国家による言論弾圧という過酷な状況下にあって、何とか昌益を、昌益による「救世」観を救い出し、後世に伝えたいという思いには涙ぐましいものがある。

とりわけ、二〇世紀における人類史の壮大な実験、「ソビエット・ロシア」における「労農共産の大仕懸《おおじかけ》」な試みに共感を覚えながらも、「成否の程が見物《みもの》である」と一定の距離を置かざるを得なかったのは、「欧米の主義は単に経済問題に立脚し、反対に立つところの同胞を仇《きゅう》敵《てき》視し、忽《たちま》ち喧嘩を始むるを通性となしている」という、今で言えばスターリン主義的な在り方、内ゲバに至る自己中心主義、教条主義に違和を覚えていたからであろう。

狩野は「安藤昌益」の中でも、「我《わが》道には争いなし、吾《われ》は兵を語らず、吾は戦わず」と言った昌益の言葉を引用し、また昌益が曾参《そうしん》と陶淵明《とうえんめい》を評価したことを引きながら「愛好した人物は孰《いず》れも温順な人であった」とし、また「法世物語」の例を引きながら諧謔精神に溢れた人物である旨を紹介し、「危険視すべき人物でなかった」「徹頭徹尾争いを嫌っている」「平和を唱えながら直ぐと腕力に訴える様などは全然其の選を異《こと》にし」「純粋に平和主義の人」である点を強調している。こうした昌益像には、狩野自身の生き方、考え方が投影していると見られなくもないが、現在の状況に照らしても示唆的、教訓的であると言えよう。

そして昌益の救「世」観を救「生」観と看破したことも見逃せない。狩野は言う、「法世とは個人的に人慾を助長する制度文物の世の中、自然世とは衆人的に人慾を満足せしむる制度文物の世の中」であり、「救世の道程としての農本共産」の「共産は個人慾病の下剤。科学は個人慾病衆人慾病共通の下剤」であり、「食物は必要欠くべからざるもの」だからとして、「帰農充食に重きを置」き、「唯《た》だ農を勧むるのみ……直耕を尚《たっと》ぶのみ」と。

狩野は「大思想家」での昌益の紹介以来、昌益思想を「互性活真」と見ており、「珍書」でも「安藤昌益」でも一貫している。「大思想家」では、狩野の説明を受けた木山が「此《これ》を説明すれば、中々面倒です省略しましょう」と言って中身に触れていないが、「珍書」では「善と悪とは相対であって、悪がなければ善もない、善があれば必ず悪がある、然るに善を助長して悪を無からしむるとは矛盾の事で無意味である……互性活真を悟了してこそ始めて自然道がわかるのである。つまり善悪を超越しなくてはならぬ」と解かれている。

「安藤昌益」の第五章「互性活真」の項でも、「互性活真は安藤の到達し得たる思索の極致である。究竟《きゅうきょう》的立場である。法世を壊《やぶ》るも是《こ》れ、自然世を造るも是れ、一切事物の生滅は皆この互性活真に待つものである。是《これ》即ち自然の大法であるからである」として、自然界の存在法則である「互性活真」と「社会の改造」とを結びつけて紹介している。

狩野は「互性活真」を高く評価し、「彼は自然其儘《そのまま》を直感しようと勉《つと》めた。其主観的思索を藉《か》らず、虚心坦懐に自然に聞こうとした所は実によく科学者の態度に近かった」と、その科学者的な立場を評価した。

その一方で「最早《もはや》彼は……法世其物を棄《す》てなければならないのである。然らば先《まず》、其教《そのおしえ》を棄てよう、其政《まつりごと》を棄てよう、其文字言語をも棄てよう、よろしい思想其物《そのもの》迄も棄ててしまえ。是が彼の喚《さけ》びである。かくして彼は遂に思想の虚無主義に立つことを余儀なくせられたのである」として昌益の思索の徹底性が「思想の虚無主義」を招来した旨を、修辞の上にせよ否定的な表現で述べている。

ただこうした狩野の「互性活真」論には疑問を呈せざるを得ない。なぜならば、狩野は「互性活真」と言いながら、もっぱら「互性」＝相対性に力点がおかれ、「活真」についてはほとんどどころかまったく論究するところがないからである。「互性活真」と言いながら「活真」のない単なる「互性」でしかなく、きわめて平板で静的、「絶対性を帯びたる独尊不易の教法および政法」を相対化し撃つには適していても、それ以上の積極性、内容的な豊かさが見られない。それは、狩野の言う「思想の虚無主義」という否定的な言い方とも重なってこよう。

なるほど、昌益は、儒・仏・神という伝統イデオロギーについて徹底的な批判を行ない、伝統イデオロギーは「棄ててしまえ」ったが、狩野がいみじくも指摘していたように、最後に残った事実「自然」に依拠したという意味で昌益は、「思想の虚無主義」どころか、自然主義、生命主義に立ったと言えるのである。

昌益の「互性活真」「二別一真《にべついっしん》」とは、「気一元論《きいちげんろん》」をより徹底させた「活真一元論」によるものであり、宇宙の根源的実在である「活真」内部に孕《はら》まれた本「性」の対立、「二にして一」「一にして二」という相互依存・相互対立・相互転化（互性、性を互いにする）といった動的な内容、動的な契機を孕んでいるものであった。昌益は、こうした自然（活真）の持つ生産性、生命の持つゆたかさに立脚して「自然真営道」という壮大な思想体系を構築したのであり、だからこそ、時代を超え、地域を越え、世界に通ずる普遍的な一大思想として現代にも生きているのであり、「思想の虚無主義」とは無縁である。

そうした意味で、狩野が「安藤昌益」を執筆するに際して、『自然真営道』の全巻を消失し（と、その時点では思われていた）、ほとんど自らの記憶にしか頼ることができなかったという、極めて過酷な資料的・時代的な制約を差し引いたとしても、狩野は昌益の「活真」論、自然哲学を捉え損なっていたと言わざるを得まい。

思えば、「大思想家」にも、「珍書」にも「安藤昌益」にも、「互性活真」「自然」「自然世」「法世」といった昌益の基本用語が引用されているが、基本用語中の基本用語、自然界の生産性を擬人化した表現、「直耕《ちょっこう》」については言及されることが少なく、考察もほとんどなされていない。

寺尾五郎さんの指導の下、農文協版『安藤昌益全集』の編集・執筆に携わり、その後も、「安藤昌益の会」事務局長として、いくつかの場で「安藤昌益原典講読の会」を設けたり、「原典講読講座」を開設し、『全集』に収録された昌益の原典、稿本『自然真営道』や刊本『自然真営道』、『統道真伝』を繰り返し読み込んで、昌益の直耕論、昌益の自然哲学の豊かさに触れ、魅かれてきた者としては、狩野のこうした昌益論は、やはり画竜点睛を欠くものと指摘せざるを得ない。

ちなみに、現時点だからこそ、『全集』の自己批判も含めて言えることだが、昌益の「文字」批判とは、表意文字である「漢字」批判であって、表音文字も含めた文字一般の批判ではない。したがって、農文協版『安藤昌益全集』の第一巻、「大序」巻などの現代語訳で「文字」とあるのは、正確には「漢字」と訳し込まなければならなかったものである。つまり、狩野が「其文字言語をも棄てよう、よろしい思想其物迄も棄ててしまえ」と言っていたのは、修辞《レトリック》としては理解できても、原文に則したものとは言えないのである。

おわりに

「大思想家」の発表から一〇〇年以上、「安藤昌益」の発表から八〇年以上、近年の医学関係資料の相次ぐ発掘、昌益医学後継者の思いもかけぬ広がりなど、昌益研究の進展は目覚ましいものがあり、狩野昌益論への評価も当然のように変わってこざるを得ない。

とは言え、狩野の炯眼《けいがん》なくしては安藤昌益という存在も昌益研究もありえなかったであろう、ということもまた再確認しておかなければならないだろう。関東大震災の災禍により大著、稿本『自然真営道』全一〇〇巻のほとんどが灰儘に帰したのを受けて、内田魯庵《ろあん》をして「昌益の名は永久に我が思想史のスフヰンクスであるかも解《わか》らん」と慨嘆せしめる以前に、狩野が買い取り、ある時「フト思いつく事があって」読み直すことがなかったならば、どこの誰とも分からない狂人の書いた変てこな古書籍、トンデモ本として再び古本屋に出され、反故《ほご》紙同然に打ち捨てられ、「永久に我が思想史」に残らなかったかもしれないのだから。

狩野亨吉の安藤昌益論は量においては極めて僅かだが、質において内容においては実に豊富で、まだまだ論じなければならないことが多いが、紙数も尽きたので、残された課題については他日を期したい。

第2章

安藤昌益の自然哲学

1　安藤昌益とエコロジー

はじめに――研究史概観

先ごろ風濤社から出版された稲葉守著『今にして安藤昌益』の書評で、科学思想史家の佐々木力《ちから》氏が「私は、近年、21世紀を領導する思想は『環境社会主義』の旗幟であろうと折をみて唱えているが、安藤昌益こそ、この思想の先駆的形態を徳川封建体制下の東北において果敢にも書き遺した思想家であったに相違あるまい」「『環境社会主義』の先駆――これが私自身の昌益像である」（二〇〇四年四月一七日付『図書新聞』）と、熱っぽく述べていたように、今では安藤昌益と環境思想―エコロジーというテーマは、昌益に関心を持っている人々にとっては、広く受け容れられているもののようである。

とは言え、社会主義論・理想社会論の先駆、封建制批判・民主主義の先躯、男女平等論・万人平等論の先駆、軍備全廃論・絶対平和主義の先駆といったイメージの強い昌益像にあって、エコロジーとの結びつきは、エコロジー概念そのものが近年になってのものだけに、必ずしも一般的なものとは言いがたい。

ちなみに、安藤昌益とエコロジーについて触れた論文でよく引かれる、昌益が自己の自然哲学について述べた部分のある写本『統道真伝』四巻・五冊は、すでに一九七六—七七年に岩波文庫に上・下巻として収録されていたが、これを基に昌益とエコロジーについて触れた文章は、今のところ記憶にない。

その後、私自身も編集・執筆に携わった農文協版『安藤昌益全集』（八二—八七年）が出版されるに際して、八二年夏、出版元の農文協がその宣伝パンフレットで、同年六月一五日付『東京新聞』に掲載された安永寿延の発言を引用しつつ、「公害反対」の論理・生態系を守る論理として、昌益思想の持つエコロジカルな面に着目したのが最も早い部類に入るのではないだろうか。

そして『全集』第一巻（八二年一〇月）の「総合解説」で、寺尾五郎が「医と食の自然主義とエコロジー」と題して昌益の自然哲学とエコロジーについて言及、「植林をすすめ乱開発に反対し生態系を守ろうとする昌益は、エコロジーの先駆であり、日本における最初の自然環境維持の論者でもあった」として概括した。

なお、初期昌益の自然哲学を全面展開した刊本『自然真営道』を全文収録した『全集』第一三巻（八六年三月）では、寺尾五郎が「解説」で、昌益の郷里・秋田における一七世紀の鉱山開発ラッシュと昌益の鉱業開発批判とをベースに、昌益の自然哲学における「エコロジーの観点」を一章を割いて論じ、同巻「月報」には、市民エネルギー研究所の松岡信夫氏による「わが昌益――エコロジー思想の原型」が掲載された。

ちなみに、宇井純氏の懐刀として東大自主講座を切り盛りし、環境問題に取り組む市民運動の知恵袋として、そのあまりにも早い死が各方面から惜しまれた松岡氏の一周忌の追悼文集（九四年夏）に寄せた拙文の一部を引いて、昌益とエコロジーと松岡氏との出会いについて振り返ってみたい。

――松岡さんには、仕事を、労働組合を通じてお世話になり親しくさせていただいてきましたが、それ以上にお世話をかけてしまったのが、安藤昌益についてでした。それは、私が仕事や組合活動の傍ら編集に携わっていた農文協の『安藤昌益全集』の「月報」に執筆いただき、〝安藤昌益シンポジウム〟でお話しいただいたことによるものです。お忙しい身の松岡さんに〝昌益とエコロジー〟という未開拓の分野について執筆し、お話しいただくことには正直なところためらいもありましたが、逆にこの分野については松岡さんをおいていないとの思いから、職場へお見えになった時に思い切ってお願いしてみました。

「実は」と切り出すと、「『昌益全集』なら我が家の書斎に『田中正造全集』と並べて揃えていますよ。何しろ昌益と正造は日本のエコロジー思想・エコロジー運動の先駆者ですからね」と、二つ返事で快く引き受けてくださったのです。（後略）

文中に「未開拓の分野」とあるように、原稿執筆をお願いした八五年秋の段階では、寺尾五郎による「総合解説」や安永寿延の言及はあったものの、昌益とエコロジーについての本格的な論考は、未だ手付かずの状態だったのが実態である。

なお、松岡氏にはその場で、FOR BEGINNERSシリーズ⑭『エコロジー』（現代書館、八二年一二月）の「訳者あとがき」で、玉村和子氏が日本でのエコロジー運動の発展・定着に向けて、熊沢蕃山と安藤昌益を日本に自生したエコロジカルな思想として取り上げておられることをご教示いただいた。

松岡氏には、その後、八七年一〇月に日本教育会館で行なわれた「安藤昌益没後２２５年・『安藤昌益全集』完結記念シンポジウム」の報告を『月刊総評』八七年一二月号「内外環境情報」欄に「日本のエコロジー思想の先駆」と題して執筆していただき、また同シンポ実行委員会が一一月に開催したミニ・シンポの場では、「昌益思想とエコロジー」と題してお話しいただいた（『甦る！安藤昌益』社会評論社、八八年三月、所収）。

ただ、「いつか松岡さんに『日本のエコロジーの歴史と安藤昌益』いう体系だった論考をお願いしたいと思っていましたが、それも私たちに残された宿題となってしまいました」との石渡の述懐にもあるように、チェルノブイリに、ボパールに……と環境問題の現場に足繁く通われ、運動を、現実の変革を何よりも重視されていた松岡氏にとって、本格的な論考をまとめていただくには、あまりにも状況が過酷であり時間がなさすぎた。

その後、寺尾五郎は『全集』の編集代表という立場で各巻の「解説」を執筆した蓄積の上に、農文協から『論考・安藤昌益』三部作を上梓、その二作目に当たる『続・論考安藤昌益』（上）の『安藤昌益の自然哲学と医学』（九六年三月）で、第一部・第七章を「昌益のエコロジー」に充て、昌益とエコロジーについての本格的な論考をまとめ、さらに死後に出版された『自然概念の形成史』（農文協、二〇〇二年八月）では、東西の自然観の形成史を辿る中で、改めて昌益の自然哲学の先駆性を浮き彫りにした。

また、『全集』編集委員の一人で、七〇年代初頭から社会思想家・安藤昌益の思想の根底にある自然哲学の重要性をつとに訴えていた泉博幸は、「エコロジー思想の魁：安藤昌益」（『地球環境と教育――未来をひらく緑のヴィジョン』創友社、九六年一月、所収）、「安藤昌益における自然思想の現代的意義」（『東洋的環境思想の現代的意義――杭州大学国際シンポジウムの記録』農文協、九九年三月、所収）等で、昌益を「農業エコロジーの主導者」として高く評価、同じく編集委員の一人であった新谷正道も「安藤昌益における環境思想をめぐって」（『環境歴史学の視座』岩田書院、〇二年一月、所収）で、昌益の自然哲学を「自然環境の中での生態的な調和を踏まえたもの」として評価するなど、寺尾ばかりでなく、他の『全集』編集委員からも昌益とエコロジーをテーマとした論考が相次いでいる。

また、昌益思想の原点を大葛《おおくぞ》金山の鉱毒による米代川の汚染に結びつけるなど、やや強引な立論が気にかかるものの、昌益を「日本エコロジズムの源流」と位置付ける西村俊一（『日本エコロジズムの系譜――安藤昌益から江渡狄嶺まで』農文協、九二年六月）や、昌益の思想を「生態循環性労働論・地域協同社会論・正人皆成論」の三点に集約し、中でも世直し論における地域協同体をエコロジカルな再生循環性社会として描き出した東條栄喜（『安藤昌益の「自然正世」論』農文協、九六年二月）など、『全集』編集者以外にも、昌益思想の持つエコロジカルな面に着目した著書も相次ぐようになってきた。

そうした影響もあってか、農文協による「中国における日本思想の研究」シリーズ――王守華『日本神道の現代的意義』（九七年一一月）、王家驊『日本の近代化と儒学』（九八年八月）、卞《ベン》崇道『日本近代思想のアジア的意義』（九八年九月）――では、三者ともに昌益思想を評価するに当たって、エコロジカルな面での現代的な意義を強調している。

さらに、山田國廣が「江戸時代の循環思考」の中で昌益を取り上げ（『水循環思考――ハイテク病社会の水汚染』北斗出版、八九年六月、所収）、須藤正親が「エコロジーの先駆者」として昌益を紹介し（『ゼロ成長の社会システム――開発経済からの離陸』新泉社、九八年五月、所収）、稲田敦子が石川三四郎の「養芽論」「土民生活」思想――内発的発展論へと流れ込む地下水脈の源泉として昌益を位置付ける（『共生思想の先駆的系譜――石川三四郎とエドワード・カーペンター』木魂社、二〇〇〇年一月、所収）など、エコロジカルな社会を論ずる中で昌益の自然哲学が言及され、再評価されるといった流れも出てくるようになった。

こうして、昌益思想の持つエコロジカルな面が積極的に再評価され、冒頭の佐々木力のように、二一世紀を領導する思想は「環境社会主義」であり、安藤昌益は江戸時代における「環境社会主義」の先駆者であるとまで高く評価される一方で、まったく異論がないわけではない。もっとも、異論を立てることによってしか昌益研究の世界で自らの存在証明をなしえない自称「安藤昌益研究の第一人者」三宅正彦によるもので、論の是非以前に別の意図があっての立論だけに、取り上げること自体が問題かもしれないが、参考のために一応紹介しておきたい。

三宅は「エコロジーは、極右とも極左とも結びつく。ナチスが農業政策にエコロジーを採用したのはよく知られているし、最近では日本の右翼団体が外国人労働者排斥運動にエコロジーを利用している。日本でも文化大革命支持派（筆者注：寺尾五郎・安永寿延のこと）が昌益の思想を毛沢東思想の先駆形態とみなした上で、これをエコロジーと関係づけている」として、主として安永寿延による「昌益―エコロジスト説」への批判という形をとって、昌益思想をエコロジーと結びつける見方に異を唱えている（『安藤昌益と地域文化の伝統』雄山閣、九六年五月、所収）。

ところで、二〇〇三年一〇月に出版した拙著『昌益研究かけある記』をお読みくださった方々は既にお気づきのことと思われるが、佐々木力氏が力説されるように、エコロジーとの比較は昌益思想の根幹とも言えるテーマにもかかわらず、同書で私はこの問題についてほとんど言及していない。弁解めくが、それは一つには上述のように、この問題をめぐっては既に多くの論考が公にされており、屋上屋を重ねる結果になることを避けたためであり、二つにはエコロジーと昌益を語る際の論者の一部に、昌益の社会思想なかんずく階級社会論・収奪論を忌避ないしは隠蔽するためにエコロジーが語られるという傾向があり、それへの違和がこのテーマでの論考執筆をためらわせていたように思われる。

その代表例が「昌益―エコロジスト説」の一方の雄・安永寿延であり、英語版と同時に出版された氏の昌益論の集大成とも言える『安藤昌益――研究国際化時代の新検証』（農文協、九二年一〇月）は、B５変形判３３０ページに及ぶ大冊であるにもかかわらず、昌益が繰り返し使用した基本用語の一つ「不耕貪食」については、「用語解説」ではまったく取り上げられていないばかりか、「まえがき」でただ一ヶ所、それも否定的な文脈で触れられているのみといった、極めて偏頗《へんぱ》な立論による昌益―エコロジスト説があり、私が違和感を禁じ得ない所以である。

もっとも同書は、昌益の基本概念の一つ、気の運回方式を表わす「通・横・逆」の「通」と「逆」を、原義とはまったく逆に上下を取り違えて解釈したり、現代人の手になる贋作資料を基に昌益の伝記を創作し、それを同書の「売り」の一つとするなど、まともな昌益研究書とは到底見なせないトンデモ本の一つだが、英語版の類書がないだけに、研究国際化時代にあって同書がもたらす負の影響については、今後とも慎重に見極めていかなければならないだろう。

エコロジーと環境問題

以上、見てきたように、昌益思想なかんずくその自然哲学がエコロジー思想との共通性を多々有するばかりか、佐々木力氏が力説されるように、世直し論をも含めた総体としての昌益思想はエコロジー思想――環境社会主義そのものとも言えるもので、「安藤昌益とエコロジー」というテーマとなれば、いわば本格的な昌益論を展開しなければならず、実はこの点こそが、私に執筆をためらわせていたところの本当の理由かもしれない

とは言え、『QUEST』誌での安藤昌益特集を奇貨として、以下、私なりに昌益思想とエコロジーについてまとめてみたい。

昌益思想とエコロジーを論ずるとなれば、定義とはいかないまでも、まず「エコロジー」について簡単に触れておかなければなるまい。そこで以下に、不勉強を承知の上で、この問題について若干のスケッチを試みたい。

「エコロジー」の語は、大方が既にご存じのように、『種の起源』(一八六三年、ロンドン)で知られるダーウィンの進化論=自然淘汰説・自然選択説の強い影響の下、動物学の体系化を企てていた、「個体発生は系統発生を繰り返す」のテーゼで知られるドイツの生物学者E・H・ヘッケルが、一八六六年に生理学・形態学・分類学といった従来の動物学の分野に加えて、「動物の無機環境に対する関係、および他の生物に対する関係、特に同じ場所に住む動物や植

物に対する友好的または敵対的な関係」についての研究の必要性を説き、ギリシャ語の「オイコス」（家計）と「ロゴス」（学）とを合せた「エコロジー」を提唱したのが始まりとされる。日本にはドイツ留学から戻った東京大学理科大学教授・三好学によって紹介され「生態学」の語が当てられた（一八九五年）が、エコロジー、生態学とも、それが対象とし意味するところは、時代により論者によって大きな幅があるようである。

とは言え、「生物と環境の関係を研究する学問、すなわち環境生物学」とも言われるエコロジーは、その後の研究の進展から、生態系（エコシステム）やそこにおける食物連鎖、物質循環、エネルギー循環といった問題や、生態系内部や個体における調整機能・生態維持機能としての定常開放系（ホメオスタシス）といった概念が生み出され、社会学や経済学との関連なども課題として浮上してくるようになった。

そうした中、日本国内では、既に一九五三年から発生が始まっていた「水俣病」について、熊本県水俣保健所がようやく五六年になって、患者と病気の存在を認定―公表、六〇年に四日市石油コンビナートが操業を開始すると、早くも翌六一年には「四日市ぜんそく」の患者が発生し、同年には「イタイイタイ病」の原因がカドミウム汚染にあることも判明、田子の浦へドロ公害やカネミ油症事件など、高度経済成長の歪みがもたらした公害事件が頻発する中、六七年になって新潟水俣病の患者・遺族が裁判を開始して四大公害裁判が始まると共に、公害問題・環境汚染問題への人々の関心が広がり高まっていった。

また、世界的には六二年、アメリカの生物学者レイチェル・カーソンの著わした『沈黙の春』が農薬による環境汚染の問題に警鐘を鳴らし、七〇年にはローマクラブがマサチューセッツ工科大学の研究班に委嘱していた成果をまとめた『成長の限界――人類の危機レポート』を発表、際限のない資源の消費・環境汚染を伴う経済成長・人口増加に対して、地球規模での資源の有限性を指摘、経済成長そのものへの警告を行なった。

そして、七二年六月にスウェーデンのストックホルムで開かれた国連人間環境会議では、「人間は環境の創造物であると同時に環境の形成者である」「人間は環境を保護し改善する義務がある」との「人間環境宣言」を採択、二〇年後の九二年にブラジルのリオデジャネイロで開かれた国連環境開発会議（地球サミット）では、ストックホルム宣言を再確認すると共に、「持続可能な開発」をキーワードに「環境と開発に関するリオデジャネイロ宣言」と、その実施のための「アジェンダ21行動計画」を採択し、各国政府・各自治体は「アジェンダ21」に基づいて、この間、様々な施策を実施してきている。

たとえば、社会的規制と企業・団体のイメージアップという動機に支えられて、多くの企業や団体、時には自治体や大学までもがその取得に熱心なＩＳＯ１４０００シリーズの認証とは、産業界が「アジェンダ21」の行動目標を適格に運用していくため、国際標準化機構（ＩＳＯ）が定めた「環境マネジメントシステム」構築のための仕様書であり、Plan-Do-Check-Actionという生産現場における管理手法を踏まえたものとなっている。

一方、ストックホルム宣言・リオ宣言では、いずれも環境—開発との関係で、低開発や貧困の問題、それをもたらし継続させてきたところの植民地主義・圧制・差別といった問題や核兵器を含む大量破壊兵器の廃絶といった問題についても踏み込んだ言及がなされているが、先の安永寿延の例にもあるように、エコロジーの指標としてこうした根本的な点を欠いた認識が一般的なので、改めてその範疇についてあえて確認しておきたい。

なお、現在でこそエコロジーは資本主義・社会主義といった体制を超えて、人類が解決すべき地球規模での課題を提起した思想・運動として広く受け容れられているが、『成長の限界』が公表された当時は、従来型の成長や開発を維持しようとする開発主義者からは「議論が粗雑」「技術進歩の可能性を過小評価している」とか、「発展途上国の低開発状態を固定化するもの」（ハーマン・カーン）といった形での批判があり、また一方ではローマクラブの創設者がイタリアのオリベッティ社の副社長であり、ドイツのフォルクスワーゲン基金の財政援助の下に行なわれた研究—提言といったこともあって、「エコロジスト運動は、資本主義に対する闘争の細分化を狙うブルジョア的運動」（八〇年二月、ベルギーでのエコロジスト集会でのある労働者の発言）といった批判も、一部にはあったもののようである。

が、東西冷戦下で、「社会主義」陣営擁護のためとは言え、社会主義国の原爆はきれいだといった噴飯ものの言説が罷り通るような事態や、チェルノブイリの原発事故の例を引くまでもなく、社会主義を国是とする国々の多くで、資本主義国以上の深刻な環境汚染や労働者への抑圧・疎外等々が引き起こされていたことを思えば、労働者の解放―人類の解放を標榜する社会主義陣営が、資本主義同様の生産力主義や資本主義以上の官僚主義・管理社会に陥り、地球環境問題で資本の側に先手を取られたことは、反省すべきことではあっても、「ブルジョア的運動」などと言って貶《おとし》めるべき筋合いはないはずである。

いや、既存の社会主義陣営が資本主義と同じ土俵（生産力主義に基づく工業化）に上って量的な覇を競い、社会主義が目指した初心――労働者の解放・人類の解放――を置き去りにしていく中にあって、六〇年代末から七〇年代にかけて、ベトナムの民族解放闘争と連動してヨーロッパ・アメリカや日本といった先進資本主義国で、若者を中心として既存の社会システムに対する「異議申し立て」――女性や障害者・少数民族・外国人労働者等々、社会的「弱者」に対する反差別・連帯運動――が、学生運動や地域住民運動・反戦平和運動と重なり合い共振しあって進められたが、こうした運動を推進したものこそ、科学技術の暴走に対する批判・自然との調和的な関係の回復・直接民主主義の実現といった様々な指標を通して、人間の全的解放―回復を主張するエコロジストの運動だったのであり、ストックホルムでも、リオデジャネイロでも、各国政府を中心とした公的な会議場の外で「宣言」を支え、「宣言」を越えた運動の拡がりを作り出していったのである。

それは、従来型の「体制を変える運動」から「生活を変える運動」への転換であり、生活の場から社会変革の展望および実践を進める様々な運動・様々な思想の潮流が、「エコロジー」

の名の下に概括されてきたわけであり、今だ論者の立場や運動の歴史性、国や地域によってその意味するところが大きく違っているといった状況にある。

そのため一口にエコロジーと言っても、日々口にする食品の安全問題や有機農業・地産地消・地方分権といった身近な問題もあれば、熱帯雨林の乱開発・砂漠化や酸性雨、地球温暖化や核廃棄物の処理問題といった地球規模での問題、遺伝子組み替え食品や臓器移植といった科学技術の在り様……といったように、生態系や環境にまつわる問題は何とも多種多様、かつそれぞれが複雑に関連しあっており、一括するのは不可能とも言える。

そこで、松岡氏の講演録「昌益思想とエコロジー」で、同氏が挙げたエコロジーを定義するに際しての最低限の五項目を引いて、一応の目安としておきたい。松岡氏は五項目の順序にも留意してほしいとして、①社会的公正、反差別、②生命あるものへの愛、したがって反戦平和、③自然の摂理への畏怖とその尊重。自然を犯すな、自然を犯す者は、自らを犯すに等しい、④自立と連帯を、個人、民族、国家間の関係に適用さるべき原則とし、支配と服従に反対する、⑤資源濫費・環境破壊型でない、持続的社会を目指す、を挙げている。

こうした指標は、一般にエコロジーとされるものからはやや隔たりがあると映るかもしれないが、先のストックホルム宣言やリオ宣言で挙げられている「原則」ともほぼ重なり合うもので、特段奇異なものではなく、逆に普遍的な指標、定義として確認できよう。

以上、エコロジーについてのスケッチがだいぶ長きに亙ってしまったので、以下では肝心の

「昌益思想とエコロジー」について考えてみたい。

安藤昌益の自然哲学

安藤昌益は、その主著・刊本『自然真営道』三巻、稿本『自然真営道』一〇〇巻がいずれも「自然」の語を冠していることでもお分かりのように、また発見者・狩野亨吉が論文「安藤昌益」で「読んで最初に気付くことは、自然という文字の連発である。行列をなしていると云《い》うべきか、経緯をなしていると云うべきか、到るところに出て来る。凡《およ》そ古今東西の書物で自然と云う語をかくも多く用いているのは断じて無いと思われる。此事だけを見ても、自然という語が安藤にとって如何に大事のものであったかと云うことは認めざるを得ない」（『世界思潮』三、岩波書店、一九二八年、所収）と述べているように、徹頭徹尾「自然」について思索を重ね、思考を深めた思想家である。

しかも、寺尾五郎が『全集』の「解説」や『安藤昌益の自然哲学と医学』ほかで繰り返し論述していたように、昌益の「自然」の語はそれまでの東洋哲学・日本思想に突然変異のように現れた概念・用語法であり、東洋の伝統的な自然観を踏まえながらも、近代西洋語の「自然」に近接し、なおかつ近代西洋語の機械論的な「自然」とも一線を画した独特なものとなっている。

昌益は、金元医学（中国の金・元時代に盛行した医学）とも李朱医学（李東垣《とうえん》・朱丹渓《たんけい》に代表される医学）とも言われる運気論医学を味岡三伯（一六八六〜一七三八）に学んだ医者であり、その初期の自然観は、陰陽五行説に基づく伝統的な中国の自然観に依拠していた。具体的には、木・火・土・金・水の五行（五気）の有機的な運動—運気の相生相剋によって自然界の森羅万象から内臓の働き、病論等々を説明するもので、西洋近代の機械論的・力学的な自然ではなく、有機的自然観という点ではいかにも東洋的な自然観に基礎を置いたものということができよう。なお、「気」とは、近代西洋科学とは範疇の異なる東洋の自然学の基礎概念で、近代科学の用語で説明することにはもともと無理があるが、この間、多くの論者によって、ほぼ物質ないしエネルギーに比定されてきている。

ただし、東洋においては、鳥獣虫魚・草木・金石、すなわち「万物」とも「造化《ぞうけ》」とも言われる存在とそれを生み出す「天地」「乾坤《けんこん》」とは別物とされ、万物と天地とを一括する「自然」に相当する語は存在しなかった。ところが昌益は、天地と万物とを貫く存在法則を同一のものとみなし、人間を含む宇宙の全存在を「自然」の語で一括したのである。

その点ではデカルトに代表される西洋近代の nature 観に近接していたとも言えるが、西洋近代の nature 観が神の被造物としての機械論的な nature、神に代わる人間の対象物として分析・計量・利用・征服される人間中心的な nature であるのに対して、昌益の「自然」は、人間をもその内なる存在として、万物と共に「自《ひと》り然《す》る」有機的・生命的・動的な「自然」観という点で、西洋近代的な自然観とも異なっている。

その点を以下、昌益の原典に則して見てみたい。昌益思想の最高の到達点とも言われる稿本『自然真営道』「大序」巻の冒頭で、昌益は言う。「自然とは互性・妙道の号なり。互性とは何ぞ。曰《いわ》く、無始無終なる土活真の自行、小大に進退するなり。小進木・大進火・小退金・大退水の四行なり。自《ひと》り進退して八気互性なり。木は始めを主《つかさど》って其の性は水なり、水は終わりを主って……」と。

昌益は、伝統的な陰陽五行論を換骨奪胎し、価値差別を含む陰陽の語に代えて「進退」の語を充て、木・火・土・金・水の五行から土を除いて「四行」とし、進退四行八気論を打ち立てた。土は、四行を生み出す根源的実在としての「活真《かっしん》」(「いきてまこと」とも読まれ、運動する物質ないし物質の運動を意味する)と等価・一体化し、土活真として熟語化される。

そして、根源的実在であるこの土活真が量的(大小)質的(進退)に異なる自己運動(自行)をすることによって、木・火・金・水の四つの機能・本性をもった存在(四行)として自然界に発現するが、四行はそれぞれ内部に対立する機能・本性(木は金・水と、水は木・火と)を伏在させており、それぞれの本性は互いに補完・規定・転化しあう「互性」の関係にあるとされる。「互性」はまた「性を互いにす」とも読まれ、活真の自己運動の内的な動因——内的運動エネルギーともなっている。

付記

「互性」については、本稿ではこれ以上触れないが、ここでの記述は「基本互性」といわれるもので、気道の互性・味道の互性等、昌益の互性論の全体については、『安藤昌益全集』別巻「安藤昌益事典」の用語解説「互性」の項、および東條榮喜氏の新著『安藤昌益の思想展開』（二〇二二年、東京図書出版刊）の第八章を参照されたい。

こうして、宇宙のあらゆる存在は、根源的実在である土活真の進退・四行の自己運動によって生じ、死をも含めた永遠（無始無終）の運動過程を生きるとされる。「転定《てんち》（天地）は土活真の全体なり」と言われる所以である。「転定は土活真の全体なり」の句はまた、「転定は自然の全体なり」とも表現され、天地宇宙の全存在が土活真の発現形態であるのと同時に、常に自己運動・自己代謝の過程にあることを表象している。

なお、昌益が天地の字を避け、「転定《てんち》」の字を当てたのは、天尊地卑の価値差別を含む天地の語を批判したのと同時に、天地の運動性・生産性を強調し表現するため、天＝「転」としたものであり、また「定」は、転の運回性に対する不動の大地に相当し、「定」の字を当てて「ち」と読ませている。

一方、昌益の天地観・宇宙観は、中国経由で当時の日本にもたらされていた、プトレマイオスに源流を持つと言われる南蛮渡来の宇宙観＝地球・天動説（同心円構造の九層の天の中心に不動の地球が位置し、九層の天がその回りを運回して昼夜・年月を生み出す）に依拠しており、地動説には届いていないが、地球説には届いていた。そして、昌益にあっては、「定」は「はこぶ・

ながる」とも読まれ、大地ではなく、満々と湛えて流回する海を指し、その運動性・流動性が強調される。つまり、「定」は地球というよりは水球といったイメージに近く、水球上に不動の大地（央土《おうど》）、生命の源である「土活真」が位置するという構造になっている。

このように、昌益の自然観にあっては、「転定・人・物、あらゆる事・理、微塵に至るまで」、有情のもの（動物）も無情のもの（植物）も、生けるもの（有機物）もそうでないもの（無機物）も、すべての存在が「自り然る《ひとすする》」「自然」の有機的な連関の中＝過程にあり、エコロジーの用語で言えば、生態系〈エコシステム〉の一翼を担っていることになる。

しかも、これら万物は、活真の運動状態である「気」によって生み出され、「気」によって関連付けられる。それは、「通・横・逆」という三つの気の運回方式・運回様式によるもので、先に『安藤昌益――研究国際化時代の新検証』で安永寿延が「通」と「逆」とを取り違えた迷解釈をしていた旨を指摘したが、「通」は上から下、「逆」は下から上、「横」は横へと気が運回する様を表象し、著作時期によって多少の違いはあるものの、昌益の宇宙形成史では概《おおむ》ね、「通」は転と人を、「横」は海と動物を、「逆」は大地と植物を生成し、万物は、通→横→逆→通→横……といった無限の運回・循環の過程にある。

なお、「通・横・逆」の気の循環は、先の宇宙・万物の形成史以外にも、季節ごとの気候の変動や人体内の呼吸や気血・音声、精神作用、病状といったものの分類や、食物を煮炊きする際の囲炉裏における木・火・土・金・水の五行の交換や平衡といったものの説明原理としても用いられている。いわば、エコロジーにおける、物質循環・エネルギー循環といった概念に相当しよう。

さらに昌益は食物連鎖についても、穀物が大地から養分を吸収するに際して人糞＝下肥《しもごえ》によって滋養を得ていることを基に、人体は糞《くそ》によって支えられているとまで言う。まさに農民のせがれ、農民思想家・安藤昌益の面目躍如といった物言いで、昌益のみならず、農民であれば誰しも感じていた思いであったろう。

実際、江戸期の米作りにおいては、人糞＝下肥は何にもまさる肥料であり、元肥として田んぼの土に鋤きこんだり、そのまま使ったのでは強すぎるため水で薄めて追肥として使ったりしたもので、私の幼少時も両親の田舎へ行けば、敷地内や田んぼの一角には必ず下肥を蓄える肥《こえ》溜《だ》めがあり、「田舎の香り」などと言って、農村を象徴するものの一つであった。

そのため、下肥は江戸近郊の農家では油粕《あぶらかす》や干鰯《ほしか》と並ぶ貴重な金肥の一つとして、米や野菜を江戸の市中に運び出した帰りに、江戸の町で出された糞尿を買い求めては村へ運んで帰っていたもので、後になると専用のおわい舟が登場したり、村ごとに特定の町や屋敷と契約を行なったりと、下肥の確保には苦労したもののようで、一八世紀後半には農家の人々は価格の高騰に悩まされたと言われる。

「自然」の思想家・安藤昌益の自然哲学の最後に、きわめて特異なものとして、「天地と人との呼吸」論を見ておきたい。

「人は小宇宙」という言い方は、比喩的なものとしては必ずしも昌益に独特のものではなく、西洋でもデモクリトスを始めとして「ミクロコスモス」といった言い方があり、また東洋医学の基礎である運気論でも「人体は小宇宙」とみなされ、人体各部や内臓、体表の内外といったものが東西南北や陰陽に配当されるが、昌益にあっては単なる比喩や伝統的運気論による配当以上のものがある。

具体的には、人間は「通」気に生まれたが故に直立し、天地宇宙に顕在している太陽や月、あるいは星々を人体の内部に伏在させ、かつ人身は天の南極たる頭部を上にして上下逆立して天に対峙しているという。

そして、植物が大気中の二酸化炭素と地中から吸収した水分を基に、太陽エネルギーを受けて光合成を行ない、炭水火物を生み出すと共に空中に酸素を放出し、そのことによって人間が大気中の酸素を吸収できるという一連の炭酸ガスと酸素の交換サイクル――もちろん昌益には、こうした現代の化学知識があるはずもなく、昌益なりの自然観察とそれに基づく直感的な本質把握による宇宙規模での壮大な論理化を行なっているわけではあるが――を「転の呼息は人の吸息」「人の呼息は転の吸息」「天地と万物とは呼吸しあう」「海と魚とは呼吸しあう」として、定式化している。

これもまた、エコロジーで言うところの生態系〈エコシステム〉における物質循環・エネルギー循環を指すものであり、「転気がないときは人・物なく、人・物ないときは転もなし」という文言は環の一部が絶たれた際の、時には種の滅亡にも至る生態系の撹乱ないし不可逆的な破壊を示唆するものと言えよう。

自然哲学からエコロジー・社会批判へ

昌益の自然観は確かに、綱沢満昭が「比較的温和な自然のなかで日本民族がうけついできた、自然に対する甘えた信頼感」と批判した（『日本の農本主義』紀伊国屋書店、一九七一年、所収）ように、自然に恵まれた日本的風土に規定され、人間把握においても、自然把握においても性善説にすぎ、楽観的にすぎると言えるかもしれない。が、「百年の後を期して」理想社会を展望する人間にとっては、性善説・楽観主義は不可欠の要素・不可欠の資質とも言え、それが「甘えた」と評されるか否かはしばらく措きたい。

いずれにしても、昌益はもともと人間の心には悪は存在せず、自然界も「一箇の災悪も有るべき所以《ゆえん》無」く調和的であり、天災というものは存在せず、天災ということを知らなかったという。ところが、時代が下り、聖人・釈迦といった「不耕貪食」＝収奪・寄生生活を専らとする権力者・支配者が出現し、人々の上に君臨して搾取を重ねたため、社会が乱れ、人心が乱れ、人々の汚れた「気」が大気中に吐き出され、「天地と万物とは呼吸しあっている」ところから、天地の「気」も汚れ乱れて、天災が引き起こされたのだと言う。そして、昌益は「すべての天災は人災である」と喝破する。

大雨や旱魃《かんばつ》、疫病を人災であるとしたこうした言い方は、今日の見方からすれば一見奇異に映るかもしれない。事実、昌益を「日本のエコロジーの先駆者」として高く評価する松岡氏でさえも、先に引いた「昌益思想とエコロジー」の中で、「近代の知の水準から昌益の思想を撃つことは容易です。近代科学の到達点から、たとえば昌益の言う『すべての天災は人災』説をくつがえすことはなおさらたやすいことです」として、否定的な評価をしておられるが、果たしてそうだろうか。

確かに、大雨や旱魃、疫病についてはそういうことが言えるかもしれない。だが、人が自然界に吐き出すものを「呼息」と限らず、農薬や有機水銀、カドミウム、ＰＣＢ、フロン、環境ホルモン、そして原水爆、プルトニウム、劣化ウラン等々といった「人工の廃棄物」と捉え、大雨、旱魃、疫病の代わりに、公害病、オゾンホール、放射線被曝……といったものに置き換えて見れば、昌益の説いていたことは、現在の地球規模での環境汚染・環境破壊といったエコロジー上の諸問題・重大問題に、そっくりそのまま重なってくるのではないだろうか。

それは、レイチェル・カーソンが『沈黙の春』で告発した、長期に亙る農薬被害がもたらしたさえずりの消えた春——サイレント・スプリングの情景であり、有吉佐和子が『複合汚染』(『朝日新聞』七三—七四年、朝刊連載、新潮社、七五年）で取り上げた各種化学物質による環境の複合的な汚染の実態であり、石牟礼道子が『苦界浄土——わが水俣病』（講談社、六九年）で祈りを込めて描いた水俣病患者の世界である。なお、石牟礼は、自身が編集した実録水俣病闘争

『天の病む』（葦書房、七四年）のまえがきで、「祈るべき天と思えど天の病む」と、昌益と同じような表現で、産業化・工業化によって天までが病む不条理について告発している。

ちなみに、松岡氏は先の論文で、聖人による金銀採掘・鉱山開発についての昌益の文章を引いて、「私の目に浮かんだのは、足尾銅山の風景でした。『山は崩れやすく、川は土砂に埋まりやすく、山に木は生えにくくなる』といえば、裸になった足尾の山々が彷彿とします。『大気は濁りやすく、異常な気が発生し、人は病みやすくなる』というくだりで、製鋼所から流れ出る亜硫酸ガスの通り道になったため、農家の人たちが村を捨てざるをえなかった、松木村を思い出しはしないでしょうか」とも述べている。

松岡氏が引いた趣旨の文章は、刊本『自然真営道』第二巻と『統道真伝』「糺聖失」巻にほぼ同内容で記述されており、寺尾五郎が『全集』第一三巻の「解説」ほかで引用し、また多くの論者が昌益のエコロジーを論ずる際に引用しているもので、オルタ・フォーラムQとの共催による二〇〇三年一二月の昌益分科会でも問題にされていたように、昌益に鉱山体験があったことの論拠とされる部分でもある。

昌益に鉱山での医療活動の経験があったかどうか、またその場所が尾去沢鉱山であったかどうかといったことは、現存する昌益の著作や関連資料では確定的なことは言えないが、寺尾が『全集』第一三巻の「解説」で、当時の鉱業開発、とりわけ秋田藩における鉱山開発ラッシュが昌益思想形成の背景にあった旨を指摘しているように、鉱山開発＝金銀採掘のもたらす環境破壊についての描写は、松岡氏の述懐を待つまでもなく、きわめて説得的である。

伝統的陰陽五行論を踏まえつつ、昌益によれば、五行のうちの「金気」は、方角では西、季節では秋、気候としては涼気、植物の生育では実収（実り堅くなる）、色では白、味では辛さ、内臓では肺と大腸、身体では骨と皮……に配当され、運動では停止を、天地万物の内にあっては、収縮・堅実・清明・鋭利といった機能をつかさどり、九層の天では金星天と恒星天に該当、自然界に満ち満ちている「気」が宇宙の外へと拡散しないよう、宇宙の最も外側の宗動天《そうどうてん》の外郭を卵の殻のように固める働きをしているとされる。

そして大地を媒介として、五行が地上に形を表わす際は、木気が草木、火気が炎と煙、水気が氷や水となるのに対して、金気は鉄となって鍋釜になったり包丁や刃物として人用に供するほかは、土中にあって石や岩となり、山が崩れたりしないように土を堅固にする役割を負っているとされる。したがって、金銀や玉石を掘り取ると、「金気」の働きが不調になり、先に引いたように「山は崩れやすく、川は埋もれやすく、木は生えにくく、水は湧きにくくなる」ため、掘り取ってはならないとされる。

なお、五行論に基づくこうした自然界の気の調和と金銀採掘による調和の破壊論は、ひとり昌益のみならず、雨森芳洲《あめのもりほうしゅう》や幕末期の東北地方の油井元雄によっても共有されている旨を、安藤精一が『近世公害史の研究』（九二年、吉川弘文館刊）で報告している。

安藤精一によれば、雨森芳洲はその著『たはれ草』（一七八九年）で、「あめつちとひとしく生《お》いでたる、こがね・しろがね・あかがねをみだりにほり出し、ありてもよし、なくてもすむといえる異国の物にかえて、五行の気を損じ、奢侈のみなもとを長ずるこそ、まことのおしむべきとはいうべき」と、金・銀・銅の採掘によって「五行の気を損ずる」弊害について言及し、また、『油井元雄書上《かきあげ》』にも「金銀は……山嶽を穿《うが》ち候《そうら》いて山気を動かし、地気を洩らし、土気を涸《か》らし候《そうろう》ものにて、能々《よくよく》御賢慮相成され置き候べき義と存じ奉り候」とあるとのことで、ここでも鉱山開発が「自然の調和をこわす」ものとして批判されている。

なお、昌益が、同じ金属でありながら、鉄と金・銀・銅を別の範疇のものとして扱っているのは、一つには採取法の違いによるものであり、二つにはその用途・有用性の違いによっているものと考えられる。

鉄の材料である磁鉄鉱は、当時は主として砂鉄や餅鉄といった形で、川床に堆積しているものや山道・耕地からも供給されていて、あえて鉄山を開発しなくても賄うことができたのである。一方、金・銀・銅は鉱山の開発と、「よろけ」に象徴されるそこでの過酷な労働が不可欠な上、鉱山労働に伴う不安定かつ投機的な生活があった。寺尾はこの点を「一六〇〇年代の秋田藩は……いわばゴールドラッシュ的状況があった。その開発の急成長ぶりはすさまじく、院内銀山のごときは、わずかの間に秋田城下の一万人をしのぐ一万五〇〇〇人という人口増加を見せている。そこには農村地帯の牧歌的平安とは異なり、奴隷的労働にまつわる喧騒と乱脈があった」（『全集』第一三巻「解説」所収）と述べている。

そして、鉄は鍋釜・包丁となって調理を助けたり、鋸《のこぎり》となって木材の切り出しに使われたり、薬として用いたりと、人々の役に立つ上、錆びて腐食しやすく、やがては土に帰っていく。一方、金・銀・銅は、人々の日用に供することもなく、財宝・通貨としてしか使うことができない上、財宝・通貨として人々が蓄えるため、掘り取るばかりで、永遠に土に帰ることがない。しかも、財宝・通貨として崇《あが》められ、これさえあれば何でも手に入り、人々の欲望を満たすことができるため、金銀を多く持つ者が賢く偉いこととして尊敬され、金銀をわずかしか持たない者は愚かで卑しい者としてさげすまれるというように、差別が生じてしまう。そのため、人々はこぞって金銀を求め金銀に振り回され、地道な農耕労働に励むものがいなくなって、社会は混乱して治まることがない。

したがって、昌益は言う、「五行の調和を乱す金銀の採掘を止めよ。人々の欲望をかきたてる金銀の通用を止めよ」と。こうした主張は、「自然を拷問にかけ、自然から資源を絞り取るような開発に反対」し、「鉱工業中心のヨーロッパ的・資本主義的な収奪開発に予見的に抵抗していた」という寺尾の評価を引き出すと共に、埋蔵量に限界があるとされながらも、依然として化石燃料の大量採掘に歯止めがかかることのない石油漬けの現代文明批判としても、読むことができるのではないだろうか。

なお、昌益は「転下の通用」ないしは「通用の自由」という言葉に、ことのほか大きな意味を付与している。昌益によれば、士・農・工・商の「四民」身分制であると同時に、産業化ないしは分業化は、社会の治安を維持するため、便利さや人々の福祉のため、いわば社会の必要性に基づいて制定され導入されたように見えるが、実は、聖人＝権力者・支配者が、己れの欲望を満たすため、また支配を揺るぎないものにするために打ち立てたもので、武士も職人・商人も本来は社会に不要であり、農業・農民さえあれば、人々は心おきなく暮らしていけるわけで、「転下の通用の自由」——便利さ・社会の発展・人類の福祉などといったもっともらしい美辞麗句に惑わされてはいけない、欲望に身を任せてはいけない、と繰り返し警鐘を鳴らしている。

それは、安藤昌益の「技術批判」(『舞字抄通信』第二号、舞字社、九六年、所収)でも指摘しておいたように、現代の聖人たる「資本」の要請のまま、無理やり消費を喚起して、ない所にまで市場を開拓し(昔はこれを押し売りと言った)、消費の量的拡大のみを追いつづける販売競争や、技術革新・技術開発を人類の進歩・発展と錯覚し、「便利さ」や「人類への福音」を追い求め、節度なき技術開発競争に明け暮れる最先端技術者の「職欲」に対する警鐘でもある。

そして、こうした聖人＝権力者・資本の飽くなき欲望が、人々の日々の労働の成果の収奪はもとより、都市による農村の収奪を引き起こし、さらには戦争を、他国への侵略―植民地化をも引き起こすに至ると、昌益は時空を越えて告発している。

オルタナティブな道――農を基軸とした社会へ向け

エコロジーが生態学を母体としながらも、反公害運動や反原発運動・自然保護運動等々といった様々なエコロジー運動を媒介としつつ、人間の生物学的要素と自然環境との関係や相互作用を探るヒューマン・エコロジー、自然環境や都市機能、さらには社会・文化やテクノロジーとの関係を探るソシアル・エコロジーといった学問領域に発展し、ヨーロッパでは「緑の党」を中心に従来の社会主義とは違った形でオルタナティブな社会を模索しつつあるように、昌益もまた眼前の社会を不耕貪食の聖人・釈迦が私欲に基づいて作り上げた虚妄のシステム――法度《はっと》の支配する「法世《ほうせい》」(「こしらえのよ」とも)として批判していく中で、今日でいう社会科学的な認識を深めていくと共に、弟子たちとの共同討論を通してオルタナティブな道を模索していく。

以下、昌益一門の世直し論―過渡期綱領とも言われる「私法盗乱の世に在りながら、自然活真の世に契《かな》う論」(通称「契う論」)を中心に、その点を考察してみたい。

「契う論」は、昌益の高弟・神山仙確が稿本『自然真営道』一〇〇巻を編集・浄書するに当たって、わざわざ「眼燈の書」と注記した最重要の巻、第二五巻に収録されているもので、同巻は「良演哲論」巻とも呼ばれている。「良演哲論」の良とは確龍堂良中こと安藤昌益のこと、演とは演《のべ》ると読んで講演すること、哲とは哲理、論とは門人たちが論じ合うこと、と仙確によって注釈され、「良子門人問答語論」と題された昌益一門による全国討論集会の報告と、「契う論」と題する弟子たちとの共同討議に基づいて策定された昌益一門の過渡期綱領とからなり、全国集会との位置付けは、この間、寺尾の分析によって明らかにされてきたものである。

全国集会は、南部八戸——江戸の千住宿とも言われているが、参加者の出身地からして、恐らく八戸であろう——で宝暦一〇（一七六〇）年頃に開催されたもので、八戸・奥南部を始めとして、松前・須賀川・江戸・大阪・京都から総勢一三人の弟子が参加、昌益は秋田城都＝大館から参加している。集会は、昌益の基調報告に始まり、「人は物事を如何に見、考えるべきか」「如何に生きるべきか」「何をなすべきか」を巡って討論がなされ、「私法盗乱の世」＝欺《ぎ》瞞《まん》と欲望に覆われたこの社会にありながら、自然の存在法則に契《かな》った「自然活真の世」＝理想社会を展望し、人間本来の生き方を希求した「契う論」へと結実していく。

なお、「契う論」の基礎となる「自然の世」はこの場で初めて言及されたものではなく、既に宝暦二〜三（一七五二〜五三）年頃と目されている『統道真伝』万国巻や、同五（一七五五）年の記載のある稿本『自然真営道』第一巻の「自然の世の論」等々でも論じられており、これらも併せて考えてみたい。

昌益の主張は極めて単純である。「貪るな、治めるな」、つまり搾取・収奪するな、支配・抑圧するな、ということであり、そのことの維持のために人々を欺瞞的な言説で誑《たぶら》かすな、ということに過ぎない。何故か、これらは全て「自然」に反するからである。そして言う、人々はすべからく「直耕」に携わるべきである、と。

先に昌益の自然哲学の項でも見てきた通り、昌益によれば、天地宇宙の全ての存在は「互性」の関係にある。つまり、互いに有機的な連関をもち、互いに循環—代謝しあっているのであり、人間存在もこうした物質循環・エネルギー循環の環の一つに位置しているに過ぎず、そこには上下・貴賎・尊卑といったあらゆる「二別」＝差別は存在せず、一方的な搾取・収奪も支配・抑圧も存在しないのが本来の在り方なのであり、そのことを「自然」と名づけたのであった。

また、「安藤昌益の会」の機関紙名ともなっている「直耕」とは、「直耕」の二文字が「てずからたがやす」とも読まれるように、農業労働に淵源を持つ昌益の造語であり、農業労働を指すことはもちろんだが、単に農業労働ないし労働一般を指すだけではなく、昌益の思想的格闘の中でその意味するところを深化・拡大していったものであり、「自然」の語と共に、世界観的な意義を有する昌益思想の基本用語の一つである。

具体的には、四季の循環によって自然界が万物を生み出す「転定の直耕」、大が小を互いに食い食われする「四類（動物）の直耕」、植物が大地から養分を吸収する「草木の直耕」、生では食べられないものを煮炊きによって人々の口に合うようにする「炉の直耕」、摂り入れた食物を消化・吸収し栄養に変換する「胃の直耕」といった表現にも見られるように、自然界の循環・代謝—生命連鎖の全過程を、主体的な営みとして概念化し表現したもので、「自然」の語が客観的な表現であるのに対し、「自然」の語を擬人化した概念であると言うことができよう。

また、「二別」の語も、現代語における「差別」の単なる同義語ではなく、有機的・循環的・弁証法的な「互性」に対する語として、形式論理的な思考・価値体系、それに基づく社会的・文化的差別のいっさいを包含する概念となっている。こうした自然界にあって、「直耕」をしない例外的な存在、「自然」に反し自然界の癌とも言える存在こそ、「二別」の社会システム、「二別」の教説を盾に「不耕貪食」を専らとして、人々の上に君臨する「聖人・釈迦」＝権力者・支配者なのである。

したがって、昌益は一部のディープ・エコロジストが主張するように、人間存在そのものが反自然――自然界における癌であるとか、農業自体が既に自然界の法則に反するもの、自然界を破壊するものとして排撃されるわけではない。

自然界との調和・循環のうちに自然界と共生する農業（今で言えば、石油漬け・農薬漬けの機械化農業ではなく、人力を中心とした無農薬有機農業に相当しよう）は、「農は農にして農」と全面的に肯定される。何故ならば、穀物は人間による手入れ――農業労働を介さなければ、ただの雑草となって、人々の食糧を賄うことができないからである。

そして、昌益は言う、「道に志す者は、都市繁華の地に止まるべからず」と。都市繁華の地とは、「不耕貪食」の収奪者・支配者が、権力を誇示し自らの身を守るために城を構え、民衆を抑圧・鎮圧するために武士団を擁し、贅沢品で身を飾るために職人を、また贅沢を極めるため欲望を満足させるために商人を抱えているのだと。それればかりか、「貧家の多女を拘養し」

て遊廓を構え、人々は性的欲望に身を任せて乱脈を極め、歌舞音曲で人心を買い人々を惑わす遊民で溢れていると。さらには、口先の学問で立身出世を図り、人々を教導すると称して体制の維持に腐心する儒学者、ありもしない地獄極楽の教えや占い・神頼みで人心を惑わす坊主・神官等々、「不耕貪食」の寄生者が巣食っていると。

こうした「国の虱《しらみ》」とも言える「不耕貪食」の輩は、自らの食い扶持である米穀を、自らの手では一粒も生産することなく、ただただ「直耕の衆人」である農民に養われていながら、そのことに気付きもしていない。

したがって、昌益によるオルタナティブ、昌益の世直し論の要諦は「気付き—覚醒」にこそあり、気付きを促す「説得」にこそある。「契う論」に「之《こ》れを暁《さと》して」という一句が頻出するのもこのためであり、直耕に至上の価値を置き、直耕を実践してこそ真人間になれると主張しつづけた昌益が、終生、恐らくは農業労働に携わることなく、「直耕に代えて真営道の書を綴った」のも、説得—気付き—納得という言論活動の大切さを身にしみて感じていたからに他なるまい。では、何を「暁《さと》す」のか。「耕さしむ」＝全ての人間による直耕の実践である。

昌益の主張する直耕＝農業労働の実践とは、第一義的には「欲々盗々乱々」とした「法世」では「不耕貪食」の立場にあった上・武士・職人・商人・学者・宗教家・遊民……といった収奪する側・収奪に寄生していた人々が、自らの食糧を自らの労働で手に入れることにより、収奪・寄生が必要でなくなる——税の徴収の廃止が実現するからである。

と同時に、第二義的には、都市繁華の地で大地の生命力から切り離され、濡れ手で粟・左団扇《うちわ》で身体を動かすことなく不健康だった人々が農業労働に携わり、大地に触れて自らの肉体を動かし、かつ米穀や野菜といった生命そのものを育むことで、肉体的にも精神的にも健康を獲得・回復でき、また自然界の摂理――自然のうちに自然と共に生きること、生命の論理・生命の価値に目覚めることができるからである。

こうした直耕＝農業労働の実践に伴う世直しの実態について、エコロジカルな視点から「契う論」を中心に昌益の説くところを、以下、簡単にまとめてみたい。

A　城郭の廃止・武士団の解体・旧来の司法の停止と農民自治＝「邑政」

「契う論」では、「上」―最高権力者の役割は、直耕を怠る者がいないかどうかの監視と、怠った者がいた場合に直耕を実践させることの一点に限られる。そして、政事は農民による自治「邑政《ゆうせい》」―共同体内の規律に任せるべきであると。

これは、中央政府の縮小・制限（小さな政府）ないし解体を目指すもので、従来の中央集権的な政治の在り様に代えて、地方分権・直接民主主義・自主管理を推進するという意味において、エコロジストの説くところと重なってくる。

なお、城郭の廃止とそれに伴う武士団の解体は、明治維新革命を思想的にリードした吉田松陰の主張とも響き合っている。松陰の主張は、絶筆とも言える「狂夫の言」に端的に示されているが、それは「領主に城を出ろ、地べたに座り車座の政治をしろ、家臣団を一〇〇分の一に縮小しろ、家臣に人材がない場合は、下から採用しろ……」というもので、明治維新政府が実現できなかった人民主権的な共和制をも志向していたと言うことができ、田中康夫長野県知事が知事室を開放し、地区ごとの住民との意見交換の場を重視している姿とも、『田舎暮らしの本』などの発行元・宝島社が〇三年七月に出した新聞広告「国会議事堂は、解体」と題する「青空国会」の提唱といったものとも重なってこよう。

また、「帝国」とそれを支える巨大多国籍企業――アグリビジネス・石油資本・軍需産業等々によるグローバルな政治的・経済的・軍事的支配が止まないかぎり、対抗暴力としての「テロ」が止まないように、昌益によれば、「法世」下での「賊《ぬす》み」＝犯罪と呼ばれるものは収奪・抑圧の結果として生み出されてくるものであり、収奪＝税の徴収の廃止と、抑圧＝賞罰の法と構造的な暴力装置である武士団の解体を行なえば、犯罪はなくなり、「希《ねが》うとも、罪人出ずることなし」と言う。なお、昌益によれば、現行の賞罰の法は正義を基準に執行するといいながら、現実には贈収賄によって歪められており、財力の有無・権力による恣意が刑罰執行の基準となっているとも批判する。

そして、武士団の解体という主張は、武器の廃絶・軍事研究の停止という、昌益の年来の主張、絶対平和主義の当然の帰結でもある。

B　自給自足・地域主義を基礎に、交易で不足を補う

昌益は、宇宙万存の根源的物質である「活真」が自らを顕現させ万物に形を与える大地、人々が直耕によって自らの食糧を生み出す場として万人に開かれているはずの大地が、現実には聖人＝王侯・領主によって私的に占有され、また藩権力・大商人による新田開発や豪商・豪農による土地の兼併によって持つ者と持たざる者との間に大きな格差が生じ、そのことが遊民の発生にもつながっているとして、全ての人々に土地を与え、耕作を可能にすることで、自らの食い扶持は自らの労働で賄う自給自足の経済――地産地消の経済圏を基本としていた。

一方、金銀銭の通用を禁止する主張をしているため、いっさいの交易を認めない閉鎖的な経済であるとか、近代を準備しえない後ろ向きの議論であるとして批判する向きもあるが、それは誤解ないし曲解であって、昌益は交易一般を否定するものではないばかりか、交易を前提とした地域作りを提唱している。

この点については、前に掲げた東條栄喜氏の『安藤昌益の「自然正世」論』に詳しいので同書を参照してほしいが、東條氏が指摘するように、村づくりは基本的に「用水の便りあるところ」、すなわち流域生態系に応じて、平地―農村／山地―山村／海浜―漁村とし、「ここに有る物をかしこの無き処に遣《や》り、かしこに有る物をここの無き所に来《きた》らしめて」「皆、無き所にある物を運び」といった具合に、相互扶助に基づく交易によって互いに「不自由することない」生活を営むことが目指されている。なお、寺尾が指摘しているように、植林による生態系の維

持についての言及もなされている。

最後に、地域ないし風土との関連で言えば、刊本『自然真営道』初版がご政道に触れたことを理由に一部内容の差し替えを強いられた「暦の論」では、本来、農事と密接に関係する暦が全国一律でいいはずはないとして、その土地土地の風土・気候に根ざした農事暦を策定すべきだとしている点も、地域主義《ローカリズム》の主張の一環として見ておく必要があるだろう。

C　金本位制通貨の廃止・贅沢品の制限・快楽原理への規制

これまで述べてきたように、昌益は金銀銭の通用廃止を強く主張しているが、それは主として自然界への還元を伴わない一方的な金銀銅の採掘―蓄財による自然界のバランスの破壊と、金銀銭の交換―流通によって引き起こされる欲望の無制限な拡大、拝金主義の横行に伴う人心の荒廃・人心破壊と、欲望の拡大によって金銀銅の採掘がさらに加速されるという悪循環に対してであって、交易そのものの否定ではなかった。

とすれば、域内経済を支えるための金本位性でない「地域通貨」の試みは、昌益のいう「自然の世」に契う中間的な道程として考えることもでき、また村岡到氏の唱える「生活カード」との関連を考えてみるのも意義あることと言えよう。

また、職人＝科学技術者が「職欲」に任せて、科学技術の進歩発展、人類への福音、便利さ・快適さを追い求めることは、実は「聖人」―資本の要請に応えているだけで、本当の意味での人類への福音とは言えず、贅沢を追い求め快楽を追い求め、欲望の充足に血道を上げているにすぎないのではないかと警鐘を鳴らしていることは、「スモール・イズ・ビューティフル」といった主張（シューマッハー）や効率至上主義への対抗概念・対抗運動としての「スローライフ」「スローフード」といった、現代社会への警鐘やオルタナティブな生活の提唱とも響き合っているように見える。

D　多様な人々との共生

封建制下の身分制社会を徹底的に批判し万人平等・男女対等を強く主張した昌益の平等論が、実は多様な個人――万人の個性・差異性の認識を出発点としている旨を前に述べたことがある（『良中通信』第三号、良中会、八六年一〇月、所収。『昌益研究かけある記』に再録）が、この点と関連して、「契う論」の中で一点だけだが注目しておきたい記述がある。

全ての人々が直耕＝農業労働に携わるべきだと主張する昌益は、「盲人は時の不幸、時の一族、之れを養うて穀粒を引かしめよ」として、盲人もまた石臼を引いて農業労働、直耕の一端を担うべきだと主張する。

こうした昌益の主張は、びわこ学園元園長の糸賀一雄が「障害者に世の光を」といった従来の障害者福祉観を一八〇度転倒させて「障害者を世の光に」と唱え、また障害を持つ当事者の側からバリアフリー、ノーマライゼーションが唱えられている現在からすれば、盲人の個性を無視したものとして批判的に捉えることもできようが、やはりそれはないものねだりに等しく、昌益の生きた一八世紀中葉にこの言葉をおいて、その意義を積極的に評価していくべきであろう。つまり、昌益が世直し論を展開するに当たって、障害者をその視野の一角にきちんとおさめていたという意味で。

ちなみに、聴覚障害者や知的障害者について触れられていないのは、近代産業社会—工業化、近代中央集権国家—官僚制のための教育制度・教育思想の中での「障害」観とは違って、近世農村を基礎においた昌益の理想社会論にあっては、その存在を無視・抹殺したのではなく、直耕の実践にとってどちらも「障害」が問題とされなかったためであろう。

この間、岡田靖雄が「安藤昌益の精神医学と現代」(『QUEST』第三〇号、オルタフォーラムQ、〇四年三月、所収)等で明らかにしてきているように、昌益による精神障害者観——精神障害・精神疾患についての実際的観察に基づく臨床的分類と薬物療法・対話を中心とした心理療法、そしてまた作業療法にも相当する直耕による心身の回復・維持の提唱——から推して、昌益の理想とした社会は、こうした盲人や精神障害者をもインテグレートした、多様な人々の共生に基づく社会づくりが目指されていたものと考えられるからである。

この点に関連してさらに付言すれば、昌益が理想社会を構想するに当たって、当時のオランダとアイヌ民族社会の存在が契機になった旨が、この間多くの論者によって指摘されてきているように、昌益の世直し論は、多様な人々との共生を基盤に、多民族・多文化の共生をも包含しつつ、鎖国下の日本にありながら、日本一国の世直しではなく、世界大で構想された世直しでもあった。

おわりに

以上、紙幅の関係で、最後はだいぶ端折った論述になってしまったが、昌益の目指した「自然活真の世」、昌益の世直し論の輪郭はスケッチできたのではないかと思う。

昌益の農を基柚とした「自然世」の主張は、人口の八割以上が農民だった産業革命以前の近世農村に基盤を置いているが故に導き出されたものではなく、人間存在が「食」―自然環境を抜きには成り立ちえないという厳粛なる認識に基づいて導き出されたものであり、いわば食―農―環境というエコロジーの原点に立脚した世直し論として、人間存在そのものをも脅かすまでに至ってしまった近代産業社会・近代科学技術至上主義――大量生産・大量消費・大量廃棄といった、現代社会の在り様を根底から見直す契機にしていくべきではないだろうか。

世界人口の二割に満たない先進工業国が、全世界の資源・エネルギーの八割近くを独占的に消費し、その結果、地球規模での環境問題・食糧問題の危機が叫ばれ、第三世界での飢饉――世界人口の七人に一人が餓死の危機に瀕している一方で、あいもかわらず「グルメブーム」がマスコミを介して人々の間を席巻している「飽食天国」ニッポンは、地球上の全陸地のわずか〇・三％、人口でも二・三％にしか過ぎないにもかかわらず、マグロの消費量が全世界の漁獲量の四〇％近くを占め、食品可食部分の廃棄率が三〇％近くに及ぶなど、明らかに地球上の食糧バランスを大きく崩し、破壊している。それは、農業・漁業就業人口が三〜四％にすぎず、食糧自給率が四〇％を割っていることからも裏付けられよう。

言わば、日本は総体として「都市繁華の地」と化し、第三世界に食料生産を負い、第三世界を収奪しているのである。「道に志す者は止まるべからず」と昌益に喝破された私たちとしては、どこに活路を求めていくべきだろうか。課題は大きく、安易な解決の道などはないだろう。とは言え、昌益が示した農を基軸としたエコロジカルな世直しは、この問題を考えて行く上での大きなヒントになるだろうことは間違いない。ささやかでも着実に一つひとつ積み上げていくしかなさそうである。

「安藤昌益とエコロジー」と題するものとしては、やや内容的に欲張りすぎ、枠を広げすぎた憾《うら》みもあるが、前段で触れたように、エコロジーの定義が未確立なこと、エコロジー運動の目指すものがきわめて多様であることなどもあって、筆者としては広く「共生」（自然＝自然環境との共生、人々＝社会環境との共生）を基準に、エコロジカルな視点から昌益の思想を捉え直してみたつもりである。

その結果、先に紹介した松岡信夫氏が挙げたエコロジーの定義・指標としての五項目にほぼ沿ったものとなったのではないかと思われ、改めて昌益の思想が私たちに投げかける衝迫力——普遍性と現代性とに驚嘆せざるを得ない。

ただ、「契う論」については、昌益の文章は「逆説に逆説を重ね……ホンネは……空白の行間にしか記されていない……解読能力が試されている」などと称して、昌益が述べてもいない「空白の行間」を自己の「解読能力」で創作し、それを基に「粛清の思想」などといった誤った昌益像を描く論者（安永寿延）や、昌益の原典も読まずに安永の創作を鵜呑みにして「八戸のポルポト」といったデマゴギーによるレッテル貼りを行なう亜流の言説（村井紀）がそれなりに流通しているという不幸な現実もあり、本来はそうした点への明確な反論をした上での立論でなければならないところだが、他日を期したい。

2　安藤昌益の生命論——公共哲学へ向けた内発的発展論として

昌益にとって「生命」とは何か

稿本『自然真営道』「大序」巻の末尾には「統目録」が掲げられ、関東大震災による「帝都」の大火災で、今ではそして恐らくは永遠に見ることのできなくなってしまった『自然真営道』全一〇一巻の構成を、かろうじて窺うことができるようになっている。そこでは、「真営道書中、眼燈」とされる第二五巻「良演哲論及び法世政事並びに真韻論」を間に挟んで、全体のほぼ四分の一にあたる前半の二四巻が「古書説妄失《もうしつ》糺棄《きゅうき》分」とされ、残り四分の三にあたる後半の七五巻が「本書分」とされている。そして「本書分」のうち、気行論—運気論にあたる分が約三五巻、残り約四〇巻が病気論および薬剤・処方、すなわち真営道医学にあてられている。

そして「統目録」の最後に、目録とはまったく不釣り合いな形で、「金・銀・銭、無益の事」と題する小論が書き添えられている。短文なので全文引くと、

「凶年に転下《てんか》、諸穀実らず、衆人飢死する者多し。強気の者、飢えに迫られて斬り取り・盗

賊す。路の辻に乞食二人有りて、一人は粟・米、二升許《ばか》り持てり、貰い溜めたるなり。一人は金一歩、銀の小玉三つ、銭百文、袋に入れ首に掛く。強盗之《こ》れを見て、粟・米を奪い取り、金・銀・銭を取らず。是《こ》れ、無益なること、此《ここ》に知りぬ」（稿『自』大序―統目録、『全集』一、161～162）とある。

この挿話は筆者に、文化八（一八一一）年、鈴木武助の手になる『農喩《のうゆ》』（別名『ききん用心』）および、明治一八（一八八五）年に刊行された小田切春江の『凶荒図録』に収録された、享保の飢饉の際のエピソードを思い起こさせる。「餓死せし者」の一人、「衣類、身のまわり、並みならざる出で立《い》ち」の男の「死骸を改め」たところ、「金百両を首に掛けて」いたというもので、「かくのごとく金を持ちたる人だに餓死を免れず、況《いわん》や貧乏人の餓死せしは猶《なお》速やかならん」と、飢饉の際の窮状が教訓化されている。昌益思想の背景に当時の東北地方を繰り返し襲った凶作・飢饉があったことは、夙《つと》に指摘されてきたことであるが、享保期に京にあったと推定される安藤昌益が、『農喩』や『凶荒図録』を目にすることはなかったにしても、享保一七（一七三二）年に西国を襲った江戸期四大飢饉の一つ、享保の飢饉とそれに伴う口承伝説を耳にしていても不思議はないからである。

いずれにしても、医者昌益にとって「いのち」ほどかけがいのないものはなく、生命の大切さ、生命のかけがえのなさは、昌益によって繰り返し説かれている。諺《ことわざ》に「いのちあっての物種《ものだね》」「衣食足って礼節を知る」と言われるように、生命がなければ何事もなしえない、生命の存続がすべての前提だからである。二〇一一年三月一一日の東日本大規模地震とそれに伴う巨大津波、福島原発の爆発事故という、日本の歴史上、未曾有の大災禍を経験せざるを得なかった私たちとしては、否が応でも、そのことを肝に銘じざるを得まい。昌益は言う、「米を食わざれば、孔丘《こうきゅう》（孔子）一命無し。何の説教か有らん」「凡《およ》そ孔丘、書説する所、一生の弁教、米を食いて之れを説き、之れを行なうなれば、乃《すなわ》ち、米の為《す》る所なり」（『統・聖』一九、『全集』八、237）と。

また、こうも言う、

「是《こ》れ、穀を食わざる則《とき》は死す、何を以てか説法し、仏とも悟りとも為すべけんや。釈迦を始めとして、穀を食わずして一言でも為すべけんや。只、穀を食いて満腹し、精神心、気血盛んなる所に思案も出、心の働き説法も成り、悟りとも成り仏とも成る」（『統・仏』一、『全集』九、59）

「食わずして妄《みだ》りに単座のみにして、先《ま》ず命無し。命無くして何の工夫・修行の成るべけんや」（同97）と。

生きてあること、生存が確保されてこそ、何事かを為し得るのであって、生存が確保され、保障されなければ何事も始まらない、そのためには、食うこと、食物の確保、食物の存在がすべてに優先し、すべての前提だ、と。

だからこそ、食料を生産する農業、農業労働、ひいては林業や漁業、水産業も含めた第一次

産業は尊重されなければならないのだ、と。昌益は言う、

「転下に君臣、工匠、商家の三民無くして、耕農の一家すら行わる則《とき》は、転下の人倫微《すこ》しも患《うれ》うる事無し……耕家無き則は、三民忽《たちま》ち滅却し、仏・儒・神・老・荘の学法も人倫の為に何の用にか立たん。故に此の耕農は転道なり」（『統・聖』五二、『全集』八、337～338）と。

ちなみに、昌益にとって「死」とは悠久の生命の流れの中での一過程に過ぎない。昌益は言う、「自然の道は生死にして一道なり。自然の一気、進めば人・物即ち生じ、退けば人・物乃《すなわ》ち死す、進退は一気なり。故に生死にして一気なり。故に生を去れば死も無く、死を去れば生も無し。生死する故に、人・物常なり」（『統・仏』九、『全集』九、118）

「転定《てんち》一歳は生死にして常なり。故に人・物も又然り。故に生を去りては死も無く、死を去りては生も無し。此の故に生死にして一道なり……四時は生死にして一歳なり。人・物も此《ここ》に生ずれば彼《かしこ》に死し、此に死すれば彼に生ず、定上《ちじょう》に死すれば定下《ちか》に生じ、定下に死すれば定上に生じ、悉《ことごと》く皆生死にして一常なり。若《も》し生死無くんば、何を以てか転定・人・物、之《こ》れ有らん。故に、転定・人・物は常に唯一に生死の徳なり。故に世に於《おい》て、生死ほど忝《かたじけ》なき道之れ無し」（『統・万』四一、『全集』一二、190）と。

「自然」と「直耕」

昌益の言う「自然」とは、中期の著作とされる刊本『自然真営道』の神山仙確の「序」によ

れば、

「正に是《こ》れ、自然とは自《ひと》り然《す》るを謂《い》うなり、其の自り然るとは何ぞ、乃《いまし》い此れ、毎人知る所の五行なり」「自然と言うは、五行の尊号なり」「此の五行、自《ひと》り然《し》て大いに進退・退進を為して転定と為《な》り……日月・星辰と為り……男女の人と生ず」(『全集』一三、83〜85)

ということであり、最晩期の思想的到達点を表すとされる稿本『自然真営道』「大序」巻冒頭には、

「自然とは互性《ごせい》妙道の号なり。互性とは何ぞ。曰く、無始無終なる土活真《どかっしん》の自行、小大に進退するなり。小進木・大進火・小退金・大退水の四行なり。自《ひと》り進退して八気互性なり……活真自行して転定を為《つく》り……通回転・横回定・逆回央土と一極して、逆発穀・通開男女・横回四類・逆立草木と生生直耕して止むこと無し……此の故に、転定・人・物、所有事《あらゆる》・理、微塵に至るまで、語・黙・動・止、只此の自然活真の営道に尽極す」(『全集』一、63〜66)とある。

このように、中期―進退五行十気論の時代と晩期―進退四行八気論の時代とでは、「真」と「土活真」、木・火・土・金・水の「五行」と、活真と一体化された土(土活真)と木・火・金・水の「四行」と、基本範疇なり道具立て、配当は違っても、運気論者・昌益の基本的な枠組みは変わっていない。

つまり、宇宙の根源的実在である「活真」(活《い》きて真《まこと》、運動する物質ないし物質の運動)が大小(量)の進退(質)運動をすることによって、「活真」(真)に内在した四行(五行)の要素が木・

火・(土)・金・水として発現し、自らを顕現し、天地宇宙を、大地の上に物質世界を、動植物を、瞬時も止むことなく生み出し続け、一大生命体として自己を開示、発現するというもので、人間男女をはじめ万物は、小宇宙として、大宇宙の貌《すがた》(楕円体)を体現し模した存在であるとされる。

こうした宇宙万物の絶え間ない生成活動が「自り然る自然」と客観的に表現されるのに対して、「自り然る自然」を擬人化した表現、概念が「直耕《ちょっこう》」である。「直耕」が「てずからたがやす」と訓《よ》まれ、

「転定《てんち》に春、万物生じて花咲けば、是《こ》れと与《とも》に田畑を耕し五穀十種を蒔《ま》き、転定に夏、万物の育ち盛んになれば、是れと与に芸耨《くさぎ》り、十種の穀長大ならしむ、転定に秋、万物堅剛すれば、是れと与に十穀を実らしめ之れを収め取り、転定に冬、万物枯蔵すれば、是れと与に十穀の殻《から》を枯らし実を蔵め来歳の種を為し、来穀の実成るまでの食用と為す……真《まこと》に転定の耕道と人倫直耕の十穀生ずると与に行なわれて、転定・人倫一和なり」(稿『自』二―自然の世の論、『全集』二、99)

「転に対して屈伸し、中土の田畑に手を下して、直芸耕《うんこう》」(『統・聖』二、『全集』八、113)

と説かれるように、人々を社会を支える食料、とりわけ穀物を生産する農業労働を指すことは言うまでもないだろう。だからこそ、農民は「直《じか》に穀を耕す人は真人なり」「直耕の人は道を与《あず》かる正人なり」「十全の転子とは直耕の衆人の名なり」等々と讃えられ、逆に「耕さずし

て貪《むさぼ》り食う（不耕貪食）者は、道を盗む大罪人なり」（『統・仏』一、『全集』九、57）と糾弾されるのである。「働かざる者、食うべからず」ということである。

そして「直耕」は単に農民の農業労働を表すだけではなく、擬人化されて、「自然・転定の道は、転気は降《くだ》りて定気を煖《あたた》め、定気は升《のぼ》りて転気に和し、転気・定気、中央土に和合して人・物生生無尽なるは、即ち転定の直耕なり。転気の降りて定・央土を煖むるは、直に転の手を降すなり。定気の升りて転気に和合するは、直に定の脚を力《つと》むるなり。故に転定の直耕なり」（稿『自』五、10、『全集』三、332）

として、自然界の万物生成活動が「直耕」と言い換えられる。

また単に自然界の生成活動ばかりではなく、

「四類の大小互食する、乃ち互性（互食か）の直耕なり」（稿『自』大序―三、『全集』一、83）

「此の大は小と序《ついで》して食う事は常の業にして、乃《すなわ》ち鳥類の直耕、転真、横回して為さしむ所なり」（稿『自』二四、『全集』六、35）

と、四類（鳥獣虫魚、動物）が生き延びるため、その生を全うするために、大が小をと互いに食い合うのは四類の「直耕」であるとされる。さらに、植物が地中から水分や栄養を摂取する活動も「草木の逆気を食らうは、乃ち草木の直耕なり」（同83）として、自然界の生態循環、エネルギー循環の全てが「直耕」という一語に集約される。

それればかりではない、家々の炉における煮炊きの作用、一人ひとりの胃における消化作用までが「炉土活真の直耕」「胃土活真の直耕」と、「直耕」と表現される。炉土活真の「直耕」は「炉内の薪木《たきぎ》、火を燔《も》やし、鉤《かぎ》を掛け、鍋を用いて煮水に食物を容れ熟蒸し、潤水は蓋の下に熟味し、食物なるは食の為なり。食は穀なり。穀は耕しに非《あら》ざれば成らず。故に炉内の妙用は只、食穀の為にして、則ち炉土活真の直耕なること、妙に明らかなり」（稿『自』大序―三、『全集』一、81〜82）と描かれる。

一方、「炉内は常に目前に視て、活真の妙道を尽くすことを知る」（同80）ことができるのに対して、胃土活真の「直耕」は、胃をはじめとした内臓の「革就《かくしゅう》」の働き、「胃土活真の自行」である。府蔵の働きは、直接には目撃できないものの、「面部は必至《ひし》と身頭に備わり、活真妙道を行うことを知る」（同80）ことができる、「面部の八門（八器官）」に現われているとして、面部の八門の有機的統一作用として描かれる。「面部は、瞼《まぶた》・目玉の視る、耳輪・耳穴の聞く、鼻の嗅ぐ、唇の語る、歯の咬む、舌の味わう、只、口に食らわんが為なり。此の食うは穀なり。穀は耕しに非《あら》ざれば成らず。故に面部の妙用も亦、食穀の為、土活真の直耕なること、又、妙に明らかなり」（同82）と。

そして、「一歳八節、互性妙道、炉に備わり、食物煮熟し、口に入り胃に至り、人を助けて常を得るは、乃《すなわ》ち炉土活真の直耕にして、転定・央土活真の直耕して、万生熟すと同一の妙道なり」（同74）と、天地宇宙の季節の巡りによる中央土における万物生成作用と炉の煮炊きの作用と胃の消化作用とが、同一の原理「直耕」によって貫かれていることが明かされる。「炉土活真の直耕」「胃土活真の直耕」とは、『安藤昌益事典』で、「アナロジーとしての直耕」として表現されていたが、そうしたレベルのものではなく、実に昌益思想の根幹を表す範疇であり、用語であった。

「食衣」とは何か

ちなみに昌益は「直耕直織」、「男は耕し女は織る」、「男は父と倶《とも》に耕し、嫁は母と倶に織り」といった形で、人間の生産労働の内実を、男女の役割分担として語ることが多い。そして「世世の聖人は、天道を盗んで吾が制法と為し、仁義を売りて税斂《ぜいれん》を買うて食い貪《むさぼ》りて衣《き》る……王侯は、賞罪を売りて賄貨を買うて食衣す。是の如く私の制法を立て精力を為す。詮《せん》ずる所、何事ぞ。唯、食衣の為の一つなり」（稿『自』三、24、『全集』四、191〜192）として、「食衣」の語は「生活」そのものとして使われる場合もある。だからこそ、「直耕して安食、直織して安衣する、此の外に道無きが自然なり」（『統・仏』48、『全集』九、265）とか、「山・海・平と里の業は異なりと雖《いえど》も、其の米を食い、豆汁を飲み、諸魚を菜にし、安食衣するに於ては、唯同一に自り然るなり」（『統・万』44、『全集』一二、327）と、「安食衣」つまり「安らかな生活」「心穏やかな生活」の保障が目指され、繰り返し言及されるのである。

ところで、「食は、人・物与《とも》に其の親にして、諸道の太本なり。故に転定・人・物、皆、食より生じて食を為す。故に食無き則《とき》は、人・物、即ち死す。食を為す則は、人・物、常なり。

故に人・物の食は、即ち人・物なり。故に人・物は人・物に非《あら》ず、食は人・物なり……言語も聖《せい》・釈《しゃく》も、説法も教解も、鳴くも吠ゆるも、皆、食わんが為なり。故に世界は一食道のみ」（『統・聖』17、『全集』八、172）といった章句や、胃土活真、炉土活真といった論理、また先に見た昌益思想における「飢餓」の意味から推して、「食」の重要性はこれでもかといった形で、繰り返し私たちの脳裏に叩き込まれる。

では昌益思想にとって、「衣」とは何か。なぜならば、「世界は一食道のみ」とされる一方で、「人は活真、通気にして、直耕して食衣備るなり……直耕とは食衣の名なり。食衣は直耕の名なり。故に転定・人・物は、食衣の一道に尽極す。其の外に道と云うこと絶無なり。故に道とは直耕・食衣なり」（稿『自』大序、『全集』一、83）といった表現に見られるように、「衣」は依然として昌益思想の根幹なのである。なぜならば、

「麻綿を織りて寒《さむさ》を防ぎ、穀を直耕して飢《うえ》を凌ぎ、奢《おご》り華美を為さざるは転道の人」（稿『自』九、5、『全集』五、286〜287）、「木を取りて家を作り、麻皮の類を以て衣と為して風雨・寒暑を凌ぎ」（『統・人』6、『全集』一〇、100）とあるように、「食」によって内部エネルギーを補給し、新陳代謝によって肉体と精神を保つのと同じように「衣」は外部の邪気、とりわけ寒気から身心を防護するために不可欠だからである。現存する昌益の著作では言及されること少ないが、「衣」への関心はもっと語られていいはずである。

内発的な発展と恩恵下賜的な「文明」と

昌益は聖人批判の中で、古代の聖王・神農《しんのう》が人々に農業を教え、そのことによって未開状態だった人類が「文明」の恩恵に浴することができたとする伝説を批判して次のように言っている。

「民に教えずと雖も、自然の人は米穀の精なれば、自《ひと》り米穀を直耕し、生生し、転定と与に常行して私に怠ること無き故に、神農の教えを待つ者に非ず。故に、伏羲・神農異前の世は、無始に直耕して安食衣す。故に神農より農業始まると云えるは、自然を知らざる妄偽なり」(『統・聖』19、『全集』八、177~178)

このことは何を意味しているのだろうか。神農との比較で、昌益は人類の知的発展史、歴史の進展を次のように描いている。少々長きに亙るが、原文を引いてみたい。曰く、

「人初めて見《あら》わるるに、裸にして養いを為す者無し。父母は転定にして、食衣は米・五穀・麻・綿なれども、之れを制して養う者無し。虫すら草木に生ずれば草木の葉を食んで巣を作りて居す。況《いわん》や通妙の人、何ぞ食衣に患《うれ》えんや……五穀・衆穀、木・火・金・水・土、人の異前《いぜん》に具《そな》わり、此の初めて見《あら》わるる人の目前に満つる故に、穀を食らい水を飲み五体壮堅と為り、事業を知ること自り具わるは、自然真の自感なれば、更に敢えて不自由の事、曽《かつ》て之れ無し。木を取りて家を作り、麻皮の類を以て衣と為して風雨・寒暑を凌ぎ、日火の照熱と身の煖《あたた》か成

る、之れを以て木中に火有ること自り知《ひと》り、石中に火有ること、吾と知り、乾草の燔《も》え易きことを自り知り、高山の頭《いただき》の常に火を発することを知り、終《つい》に木を磨《す》って火を得、木を燔やして寒に煖まり、夜を照らし、身用を弁《わきま》う。金用は土中・石中に埋まりて土外に見われず……壁土を以て器を作り火に焼きて堅剛に為す……田畑を為り、稲種・稷《しょく》種は水田に合《かな》い、余穀は潤土の畑に相応ずること、之れを知る……耕農・織衣・作家の道の自ずから成ること、土を焼きて堅器を以て煮熟して安食・安衣の用足ること、人の日用に於て不自由すること無し。自然の妙行は忝《かたじけな》きかな」（『統・人』6、『全集』一〇、99～102）と。

また、こうも言う、

「男女にして一人なる転下、只一般に直耕して、老は壮年の子に養われ、壮も老ゆる則は其の子の壮年に養われ、此の如く序を以て転定と人倫、与《とも》に行わるる」（『統・聖』6、『全集』八、144）「穀精の人、人より人を生じて多人と為り、耕道弘まり、人家・門を並べ、互いに親睦し、善きことは互いに譲り、難事は互いに救い、営む所は惟《ただ》耕穀の五行なり」（『統・禽』4、『全集』一一、87）、「自り米穀の精神、初見して男女、夫婦と為りて以来《このかた》、五倫と成る。五倫、各々夫婦と成り、歳月を暦《ふ》るに随いて、五倫弥々《いよいよ》盛んに多く成る。五倫、多倫に成りて人里・邑村《ゆうそん》・多郷と成り……其の土地、其の土地に直耕・直織して……其の五倫は益々盛んなり」（『統・人』24、『全集』一〇、209～211）と。

そして、『旧事紀《くじき》』『古事記』『日本紀』に記載された日本神話における「神代《かみよ》」とは「人の

世」であると喝破し、国生み神話を次のように解釈している。曰く、
「畢竟《ひっきょう》、所謂《いわゆる》、国常立《くにのとこたち》とは国を定むるなり。国狭槌《くにのさつち》とは国国の境を狭《はさ》む。豊湛渟《とよくむぬ》とは優《ゆた》かに河川堤を定むなり。泥土煑《ういぢに》・沙土煑《すいぢに》とは屋敷を堅むるなり。大戸道《おおとのぢ》・大苫辺《おおとまべ》とは家を作り、戸・竈《かまど》・窓の道を通し、苫《とま》・茅《かや》の類を以て屋上を葺《ふ》き、家居を極め、面足《おもたる》とは人間の面目を調《ととの》え、用事悉《ことごと》く足り、惶根《かしこね》とは天神を惶《おそ》れ心根を慎み、是《かく》の如く万国・万家・万人、夫婦・夫婦、男神は透《いざな》い来れば女神は透われ順《なび》き和合して、毎家の夫婦、直耕して子を生じ、無欲にして安泰、安食・安衣して、更に乱世・治世の苦しみを知らず……是れ、日本国の上世、天神七代の世なり」（稿『自』九、2、『全集』五、261～262）と。

そして、稿本『自然真営道』第一「私制字書」巻で詳述される伏羲・神農以前に存在したとされる「自然の世」は、それ以外にも『統道真伝』「糺聖失」巻や「万国」巻で略述されている。そのうち、比較的まとまった「万国」巻のものを以下に引いてみよう。

「山里・海里の人は畑を穿《うが》ち……陸穀を耕す。其の余力に薪木・材木を采《と》り、海浜の者は諸魚を取り、平原里の者は一向《ひたすら》に水田の米穀を耕して織《おり》を為し、山里の者は陸穀・薪材を平原里に持ち来たり、海里の者は諸魚・浜草類を平原里に持ち来たり、米と薪材、陸穀と米と、之れを代易《かえかえ》し、諸魚と米と、之れを代易し、皆、無き所に有る物を運び、此《ここ》に有る物を彼《かしこ》の無き所に遣《や》り、彼に有る物を此の無き所に来らしめ……山・海・平と里の業は異なりと雖も、其の米を食い、豆汁を飲み、諸魚を菜にし、家に居り安食衣するに於ては、唯同一に自り然るなり」

（『統・万』44、『全集』一二、326～327）

昌益は言う、これが歴史の真実だ、と。ここで言われていることは、人々の、人類の内なる生命の発露——それは自然環境への働きかけであり、道具の発明・工夫であり、村落共同体の建設である——が、歴史の発展を推し進めてきたという、人類の知的営みへの賛歌であり、相互扶助を基盤とした人類の内なる徳性への強固な信頼に裏打ちされた内発的発展論である。昌益は言う、

「聖人、書講して転下を治めずと雖も、衆人は直耕、転道を勤む。則《すなわ》ち、何の不足、有ること無し」（『統・聖』45、『全集』八、321）と。

一方、「聖人」の作為による制度、「文明」を以てする恩恵下賜的な歴史観は、昌益によれば実は歴史の真実でないばかりか、人類史への冒瀆であり、捏造だと言う。昌益は言う、

「四民は、士農工商なり。是れ、聖人の大罪・大失なり。士は武士なり。君下に武士を立てて衆人直耕の穀産を貪り、若《も》し強気にして異輩に及ぶ者之れ有る則《とき》は、此の武士の大勢を以て取り拉《ひし》がん為に之れを制す。亦、聖人の令命に背き、党を為して敵を為す者には、此の武士を以て之れを責め伐たんと為《し》て兼用す。是れ、自然の転下を盗む故に、他の責め有ることを恐るるなり……工は工匠、諸器の作業の者なり。之れを立つる聖人、美家・城郭の為、諸器自由の為、美服・美食・華栄の為、軍用の為、皆、己れを利せんが為の兼用なり。是れ転下の通用の自由に似て、奢り費えの端と為る……商は諸の売買の輩なり。是れ又、天下の通用と為し之れ

を立つる聖人の大罪なり……是れ、士は之れを治め、農は食を出し、工は家を作り、商は用を通ず。是れ、天下の政法、聖人の為る所と言う則は、理に似たれども、士を立つるは乱の用、農を下にするは転の責めを蒙る失《あやま》り、工は美家・大郭、無益の用を起し、商は利欲の用、皆、転下の費え、乱生の本なり……聖人の私作ぞ、患《うた》てし」(『統・聖』6、『全集』八、135~145)と。

特に「転下の通用の自由に似て」「已れを利せんが為の兼用」という点が重要である。いわば、歴史の真実を隠す「カモフラージュ」、捏造である。

「聖人は、耕さず貪り食わんことを巧み、衆の上に立たんことを謀り、直耕の人に養われながら、転下を治むと謂いて、転下の転下を盗むことを工《たく》み、偽法して衆を誑かすことを計る」(『統・聖』16、『全集』八、170)と。

「巧み」「謀り」「工み」「計る」と、まさに権謀術数、偽計のオンパレードである。

「已れ失りて貪食する故に、衆を誑かさんが為、必ず巧言を為さざれば成らず」(同、174)と。

こうした歴史認識による昌益の世直し論、「私法盗乱の世に在りながら、自然活真の世に契う論」、通称「契う論」は、当然の事として、政治革命、社会革命、文化革命以前に、人々の意識の革命を中心課題、前提としている。「暁《さと》して耕さしむ」という皆農、皆労は、「『人は食せざる則は乃ち死す。耕して安食するの外、道無し』と之れを弁《わきま》えしめ」(稿『自』25、『全集』一、293)と、説得、助言─気づきに基づくものであり、説得が折伏《しゃくぶく》、洗脳といった強制を伴うものでないことが示されている。いわば、内部生命の持つ徳性への働きかけであり、それへの信頼に基づいた世直し、他律的、外発的な世直しではない、内発的発展論によるオルタナティブな未来社会の構想と言えよう。

ちなみに、「内発的発展論」は、経済学者・西川潤によれば、「一九七〇年代の中頃に、スウェーデンのダグ・ハマーショルド財団が、国連経済特別総会（一九七五年）の際につくった報告『なにをなすべきか』で「もうひとつの発展」という概念を提起したときに、その属性の一つとして『内発的』という言葉を『自力更生』と並んで用いたのが最初のように思える」（「内発的発展論の起源と今日的意義」、『内発的発展論』所収、東京大学出版会、一九八九年刊）とのことで、西川は同論文で、「内発的発展」の特性を以下の四点にまとめている。

①内発的発展は経済学のパラダイム転換を必要とし、経済人に代え、人間の全人的発展を究極の目的として想定している。

②内発的発展は他律的・支配的発展を否定し、分かち合い、人間解放など共生の社会づくりを志向する。

③内発的発展の組織形態は、参加、協同主義、自主管理等と関連している。

④内発的発展は地域分権と生態系重視に基づき、自立性と定常性を特徴としている。

こうした内発的発展論の持つ特性は、「契う論」での住民自治「邑政《ゆうせい》」――地域分権主義や自主管理、自立性、この間、昌益が「エコロジーの先駆」と言われるように自然との共生、生態系重視を謳い、伝統イデオロギー批判を通して民衆の精神的自立を促し、相互扶助による「平和で平等な自然世」、人間の全人的発展、共生の社会づくりを目指していたことと、ほぼ全面的に重なり合う。

それは、この間、昌益の全思想体系、自然真営道の世界が、現代平和学の定礎者、ヨハン・ガルトゥングの説く現代平和学——直接的暴力批判・構造的暴力批判・文化的暴力批判——とほぼ重なり合うと言われてきたこととも共鳴しあっていよう。昌益の生命論とは、単なる生物学的なそれではなく、悠久の宇宙生命誌、宇宙生命史を踏まえた壮大な自然哲学であり、人類の未来へ向けた有史以来の無告の民の思いであり、「直耕の衆人」を代弁するメッセージなのである。

ダグ・ハマーショルド財団とは独立に、社会学者・鶴見和子が南方熊楠や柳田国男といった民俗学者に学びつつ内発的発展論を唱えたように、安藤昌益もまた有史以来の「歴史」を総括する中で、伝統的な歴史観、他律的・支配的な歴史観ではなく、日本列島弧の民衆による営々たる日常の積み重ね、自立的、内発的な歴史を捉えていたのである。そればかりではなく昌益は、そうした「自然世」が地球上のあらゆる地域で実現されていたことを実感していたはずである。

付記

あとづけで恐縮だが、引用した昌益の出典について付記しておきたい。

99ページ三行目に「稿『自』大序—統目録、『全集』一、161〜162」とあるのは、原典が稿本『自然真営道』大序巻―統目録であり、引用は農文協版『安藤昌益全集』第1巻、161ページから162ページである旨を指す。

また、100ページ五行目に『統・聖』十九とあるのは、『統道真伝』「糺聖失巻」第一九項、『統・仏』一は、同じく『統道真伝』「糺仏失巻」第一項、『統・万』四一は『統道真伝』「万国巻」第四一項を指す。

以下の引用も、これに準じて略記した。

3　安藤昌益における「公・私」と「道」——公共哲学へ向けて

はじめに

二〇一二年七月一三〜一五日の三日間、京都フォーラムの主催により、大阪駅近くの樹福書院会議室で第一一〇回公共哲学京都フォーラム「東アジアにおける公共する人間としての安藤昌益を日中韓で語り合う」催しが開かれた。参加者は、京都フォーラム事務局長の矢崎勝彦さんをはじめ事務局および若手経営者の皆さん方七名、発題者として公共哲学共働研究所長の金《キム》泰昌《テチャン》さんをはじめ若手研究者を中心とする一〇名、討論参加者は既に昌益についての論稿のある香川大学の村瀬裕也さん・名古屋経済大学の李彩華さんをはじめ九名の計二六名で、会全体の様子は先ごろ京都フォーラムから発行された『公共的良識人』第二四八号に詳しいので、興味がおありの方はそちらを参照されたい。

私からは「安藤昌益の生命論——公共哲学へ向けた内発的発展論として」と題して報告させていただいた。内容は、一、昌益にとって「生命」とは何か、二、「自然」と「直耕」、三、「食衣」とは何か、四、内発的な発展と恩恵下賜的な「文明」と、というもので、昌益による伝統文明批判が世に喧伝されるような反文明といったものではなく、権力者・支配者による恩恵下賜的な「文明」観を批判したものであること、昌益は反文明どころか独自の社会発展論を持ち、それは人間の内からの生命の発露による知的発展史、地域社会形成史であり、従来のような西洋近代資本主義に追い付き追い越せを専らとする単線的な歴史観、社会発展史ではなく、一九七〇年代以降、国連などでも取り上げられ、社会学者・鶴見和子氏も唱えていた、伝統社会に根差した「内発的発展論」、持続可能で多様な世界の創造を目指す発展論と、そのまま重なり合うものであることを論証したものであった。

ちなみに公共哲学京都フォーラムでは「内発的発展論」と共鳴するかのように、出席者の多く、特に若手の企業経営者の方々から、「『外から、上から、教えから』ではなく『内から、下から、行ないから』」という主張が、繰り返し強調されていた。

こうした私からの発題に対して、東学農民革命研究の第一人者である韓国は圓光大学校の朴《パク》孟洙《メンス》さんから、石渡の言う昌益の「内発的発展論」はよく分かったが、「公共哲学へ向けて」と副題しながら、「公共哲学」への言及がないではないか、とのご批判をいただいた。

朴さんのご指摘はもっともであり、私からは「昌益は、聖人による天下国家の私物化・私有化を徹底的に批判しているため、昌益研究の世界では、公共ということが自明のこと、当然のこととして考えられ、改めて公共を問うことは特になかった。重要なご指摘なので、今後の宿題とさせていただきたい」旨を回答してご了解を願った。

朴さんの指摘を待つまでもなく、昌益にとっての「公共」概念は、石渡があまりにも当然のこととして等閑視してきたものの、本来は昌益研究の重要なテーマの一つであり、きちんと位置付けられてこなければならなかったものと考えられるので、この場を使わせていただいて、昌益における「公共」の意味について改めて考えてみたい。

公共哲学について

公共哲学とは、この道の専門家のお一人である八戸市出身の山脇直司さんがその著『公共哲学とは何か』（ちくま新書）でも述べておられるように、現在ではインターネットなどで検索すれば膨大な数の項目がヒットし、丁寧にフォローしている暇《いとま》がないほどだが、一方、一般的な国語辞典や現代語辞典にもまだまだ載ることの少ない、いわば比較的新しい言葉、新しい概念だとのことである。

いやむしろ、『公共哲学とは何か』で山脇さんが「滅私奉公」でもなく、「滅公奉私」でもなく、金泰昌さんが提唱された「活私開公」（個人を他者関係の中で活《い》かしながら、民〈人々〉の公共性を開いていく）を自らの論理構成の基点においておられたように、また、この間、全三〇巻の「公共哲学」シリーズ（東京大学出版会）の蓄積でも明らかなように、「昌益を語り合う」の主催者、京都フォーラム＝公共哲学共働研究所そのものが提唱し発信し、リードしてきたもののようである。

いずれにしても山脇さんの書によれば、「公共哲学」の基本計画としては、「政府の公／民の公共／私的領域」の相関三元論の採用、「活私開公」という理念の採用、「学問の構造改革」、「理念と現実の統合」のための方法論の開拓、「自己─他者─公共世界」論の必要といったものが挙げられ、また公共世界の構成原理としては「正義」「人権・徳・責任」「福祉」「平和・和解」「地球的公共善（財）」といったものが挙げられている。

もっとも、公共哲学といっても論者によって様々にありえようから、以上をもって公共哲学のすべてということはできないが、平たく言えば「世（社会）のため、人（他者）のため」に考え、生きるということであり、「公共の福祉」や「社会的正義」を「哲学すること」になるのであろう。

ちなみに山脇さんも、中江藤樹、熊沢蕃山、石田梅岩などとともに、昌益を「互性と直耕にもとづく平等社会論」者として、日本における公共哲学の先駆者の一人として位置付け論じておられるので、昌益と公共哲学との結びつきは、本稿が初めてというわけではないもののようである。

とは言え、私にとって公共哲学とは、漠然とは了解できるものの、目新しい学問領域であり、一方、昌益の公共論、社会論ともなれば広大なものを含んでおり、一朝一夕で論じきれるものではない。その意味で本稿は、泥縄式とならざるを得ず、試論も試論、序論も序論のレベルでしかないことを恥ずかしながら始めにお断りしておきたい。

安藤昌益における「公共」とは

では、昌益は「公（共）」ないし「公私」をどのように考えていたのであろうか。

「公」と「私」

昌益は今でこそ釣り人の代名詞としてしか人々に想起されない紀元前一一世紀の軍師・太公《たいこう》望《ぼう》の台詞《せりふ》「天下（世界）は天下（人々）の天下（共有財産）である」を引きながら、権力者・支配者による天下国家の私物化を、「君を立つるは奢りの始め、万悪の本」として徹底的に批判している。

ところで昌益にあって「万悪の本」と言えば、「欲は万悪の本」として「欲」「私欲」という言葉が重なってくる。「欲は皆、利己・私求の欲なり」だからである。

それでは、一般に「私」の反対概念、対概念とされる「公」とは、昌益にとってどのようなものとして規定されていたのだろうか。

「私欲」「私法」「私制」「私失」……といった「私」の語に比べて、「公」の字ないし語は、現存する昌益の著作では極めて少なく、稿本『自然真営道』第一「私制字書巻」の「公」の字解ぐらいしか、すぐには思い浮かばない。

「私制字書巻」にはこうある。「公は自ら営むことを為さず、道を盗む」（公儀は自ら直耕をせず、道に反している）と。昌益にとって「公」とは、一般に言われるような「私」の対概念、反対概念――万人に開かれたもの、おおやけではなく、「私」と同様に「道」に反するものとして否定的に理解され、位置づけられている。

ちなみに、「私」の字は「私制字書巻」では「禾《いね》を厶《かだまし》くかくす」と字解され、「わたくし、ひそか、わだかまる」と訓まれている。尚、『広辞苑』によれば「かだましい（奸い）」とは、「心がねじけていること」とあり、「わだかま（蟠）る」とは「盗んで自分の物にする。着服する。横領する」とあり、「心が素直でなく、人の道に反して搾取、横領すること」とでもなろう。

なお、多少横道にそれることになるが、一部研究者は「妬は、女、至愚にして、心を転ぜざること石の如しと作る字」といった「私制字書巻」の字解を根拠に、昌益の女性差別観・男尊女卑的態度を言い立てているが、これほど的外れなことはないであろう。昌益にとっては、まさに濡れ衣である。なぜならば「私制字書巻」における昌益の字解とは、中国の古代封建王朝、封建社会の下で制作された文字＝漢字は差別的な社会を反映して、これほど差別的に制作されものだということを示す、漢字の解体学、漢字否定のための字解であって、漢字を擁護し肯定するための字解論ではないからであり、ましてや昌益の差別観を述べたものではないからである。昌益にとって「文字」（漢字）とは「偏惑知を以て作り、道の象《かたど》りにだも非《あら》ず、悉《ことごと》く道を盗む器」であり、「一字なりとも省《はぶ》き棄《す》つるは転真（天真）への奉公」なのである。

さらに「私」と「公」の字に共通な「厶」は、昌益によれば「むしのまね」と訓まれている。

『全集』編集・執筆当時は「むしのまね」という訓みの解釈をめぐって、「無私の真似」というのではあまりに昌益思想に則しすぎ、ストレートすぎるということで、「無私の真似」という解釈に傾きつつも、あえて注を施し「未詳」としておいた。が、現在では、「ム」とははっきりと「無私の真似」であると解することができるようになった。なぜならば、「ご公儀」すなわち「聖人」＝権力者・支配者は社会を偽り、歴史を捏造する存在だと考えられるからである。口で「無私」を言いながら、その実は「真似」＝擬態、欺瞞であって、心底からの無私ではないからである。

昌益は「聖人」の制作になる社会制度、「私法」「私制」の一つ、四民制の「工」や「商」について、こう言っている。「工は工匠、諸器の作業の者なり。之《こ》れを立つる聖人、美家・城郭の為、諸器自由の為、美服・美食、華栄の為、軍用の為、皆、己《おの》れを利せんが為の兼用なり。是れ、転下《てんか》（天下）の通用の自由に似て……珍物通用の自由に似て、甚だしき転下の費《つい》え、大乱の謀《なかだ》ちなり」と。

「転下の通用の自由に似て」「己れを利せんが為の兼用なり」という件《くだり》が重要である。「人類の進歩と発展のため」とか「我が国のエネルギー政策のため」「日本経済の発展のため」といった美辞麗句の陰で（転下の通用の自由に似て）、私益の追求、「なんとかムラ」の既得権益の擁護が図られている（己れを利せんが為の兼用）、というのである。

ちなみに昌益は、「工」＝職人、今で言えば科学技術者が欲望にかられて社会性、公共性を喪失し、職業倫理にもとり暴走することの危険を「職欲」という言葉で指摘、告発している。「己れが職欲に迷うて、世に火難あらんことを願う者、之れ有り」と。

言葉に騙されてはいけない、口先人間の言い分に振り回されてはいけない、美辞麗句は私益追求のカモフラージュに過ぎない、というのが昌益の分析であり、批判である。

一人ひとりの精神の自立、独立＝主体性の確立、地に足の着いた主体的な判断こそが要請されているのである。

「道」について

では、昌益にとって「私」の反対概念、対概念とは何であったのか。昌益の高弟・八戸藩の御側《おそば》医《い》・神山仙確は、稿本『自然真営道』「大序」巻の第一六項、昌益の人となりを紹介した個所で次のように言っている。「良子は吾が師なり。良子には師無く弟子無し。人、道を問えば答う。私を問えば答えず」と。また、こうもある。「道に当らざれば、問えども敢《あえ》て語らず。世の為、道の為には、問うを俟《ま》たずして之れを言い、片時も無益に居らず、真道を働きて怠らず」と。

つまり、昌益にとっての「私」の対概念、反対概念は、一般に言われるような「公私」の「公」ではなく、「道」であった。では、「道」とは何か。比較的初期のものとされる刊本『自然真営道』第一巻「題号妙弁の論」にはこうある。「真の営みは道を行なう。行なう所に道成りて、転定《てんち》（天地）の道……人倫の道、鳥獣虫魚の道、草木の道なる所以《ゆえん》之れなり」と。

また、中期の作と言われる『統道真伝』「人倫巻」冒頭にはこうある。「自然の進退する一気、之れを道と曰う……此の進退の気、転定（天地）・人・物に満たずと云うこと無し。故に道は満ちるなり」と。

そして、昌益最晩年の思想的到達点を示すとされる稿本『自然真営道』「大序」巻の冒頭には、こうある。「転定・人・物、所有事《あらゆる》・理、微塵に至るまで、語・黙・動・止、只、此の自然・活真の営道に尽極す」と。

つまり、昌益にあって「道」とは、初期から晩期まで一貫して、自然界に遍在するありとあらゆるものの存在法則、存在原理であり、自然界の真理なのである。

では、宇宙万物の存在法則とは何か。「転定・活真の妙道は、互性・生生・直耕のみ」「自然・転定・活真の妙行は、直耕の一道にして、全く二道無し」とする、天地宇宙の生成活動であり、一大生命体たる天地宇宙の絶え間ない代謝運動のことである。

したがって、天地宇宙の「直耕」によって生み出され、天地宇宙の存在法則を備えたところの「小天地」である人間男女の踏み行なうべき道＝「人道」とは「転・活真と与《とも》に直耕の一道」であり、「万物生生の直耕と、穀精なる男女の直耕と、一極《いっきょく》道なり。此の外、道と云《い》えること、絶無」なのである。

こうした「道」である以上、「道を盗む」とは、先に私が指摘した様な、単に聖人＝支配者・

権力者が天下国家を私物化し、「不耕貪食」することだけではない。こうした自然界の存在法則＝道に外れ、道に背き、さらには宇宙の真理を隠蔽し、真理に反することをあたかも真理であるかのように捏造し、正当化することとされる。

儒教・仏教・神道をはじめとした伝統イデオロギーが人々の目を曇らすものとして批判され、弾劾されるのは、このためである。「盗みは万悪の根」「盗みは乱の根」であり、「聖人は……天道を盗んで不耕にして貪り食らい、私の制法を以て上に立ち、教え（伝統イデオロギー）を以て衆人を貪り、天の為、大罪人」と断罪されるのである。

「仁」「慈悲」批判

したがって昌益によれば、武断政治ではなく文治政治――徳知主義を代表する儒教道徳の「仁政」――「仁」の教えも、仏教でいう「慈悲」の教えも、いずれも「能《よ》き事に非《あら》ず」であるばかりではなく、「恩蒙の罪」として断罪される。なぜならば、「仁」も「慈悲」も共に恩恵下賜的な上から目線で人間関係を見ているからである。その上、恩を受けた側に心理的負担を負わせ卑屈にさせる、そこに差別的関係―従属関係が生じてしまうというのである。「恩蒙の罪」と批判される所以である。

昌益にとっては、人と人との関係性、人と社会との関係性、人と自然との関係性、さらに言えば「互性」という昌益思想の基本範疇が象徴するように、この宇宙に遍在するあらゆる事物は、存在それ自体というよりも、「関係性」こそが最も基本だからである。

それればかりではない。昌益に言わせれば、「仁政」などと言って自己を正当化するのは愚の骨頂であり、馬鹿も休み休み言え、ということになる。昌益は言う、「聖人、仁を以て下民を仁《めぐ》むと云う。甚だ私失の至り、笑うべきなり。聖人は不耕にして……己れの手よりして一粒一銭出づる無し、我が物と云うを持たざる者は聖人なり。然るに、何を施してか、民を仁むべけんや」と。

民衆の直耕の成果を「税」と称して巻き上げ搾り取り、そのことで初めて命を繋いでいる聖人・権力者、民衆に養われている側が、善人面《づら》をして減税だ施行米だと言って施しをしたところで、搾取の一部を民衆に還元しているだけではないか、搾取を止めたわけではないではないか、何を恩着せがましく「仁」だ「仁政」だと偉そうに宣《のたまわ》っているのだ、というわけである。

仏教の言う「慈悲」も同じである。「慈悲と云うは、人を罪に落すの名なり」と。

安藤昌益と公共哲学

では、昌益による「公共哲学」的なものとはどのようなものとしてあったのだろうか。聖人・釈迦によって「欲々盗々乱々」とさせられてしまった眼前の世界を否定し、「自然活真に契《かな》った」理想社会を目指した昌益にとって、あるべき社会、あるべき公共、生涯を賭して模索し、世代を越えて実現すべき課題とはどのようなものだったのだろうか。以下、本題であるところの「安藤昌益と公共哲学」について見てみよう。

（1）人間論

まず、公共哲学の基礎である人間観、人間論について見てみたい。昌益は一般に、士農工商の封建的身分社会を批判し、「万万人にして一人」と万人の平等を説いた平等論者として知られているが、こうした昌益理解はきわめて一面的である。

『統道真伝』「禽獣巻」の二「人面全く同じからず、心術同じからざるの論」には、こうある。「万万人は一穀精の凝見にして、面貌全く同一ならず。何が故にか……万万人が一人にして全く同じき則《とき》は、一人が万万人となり通用すること能《あた》わず……故に、万万面・万心にして、同じからざるが故に、能《よ》く万国通用して世界常なり……故に、人の面・人の心、吾が面・吾が心に同じからざるを醜《みにく》しとして悪《にく》むべからず、美なりとして泥《なず》むべからず。同じからざるが故に吾れ有り……若《も》し不同を嫌い、全同を好み、全同を知らず、不同を好む則《とき》は、真に非《あら》ず。皆、失《あやま》りなり」と。

全ての人は人類としては平等・共通な普遍的存在だが、一人ひとりは皆、個性があり多様である、多様であり個性がなければ個人は成り立たないとまでいうのである。昌益の平等論は画一論ではない。

次に、昌益にとって人間は、直立し、五官（感覚受容器官）を備えた頭部が人体の上部に位置しているところから、認識の自由があり、動物とは違って宇宙・万物に通暁することができ、人の道に外れた場合は恥を知る存在だ、とまで言っている。

『統道真伝』「人倫巻」の六「人始めて生ず、自然・一真の図解」および七「五象《しょう》・五舎《しゃ》、一真営の図解」にはこうある。「人は順立（直立）す……故に転定の通気を具足して、乃《すなわ》ち転定に人《またが》り、転定に通じ、転定に厥《か》くること無し」、「人……常に頭を上にして自由を遂げ」「仰ぎて転《てん》（天）を視《み》、俯《ふ》して定《ち》（地）を視る自由を得、通ぜざること無」し「人は通気に生ずる故に、神正しくして恥を知る」と。

また、人間とは身神（身体と心）存在でもあると言う。「自然の真道は、人の身神に具わりて」「此の自然真営道の近きを言う則《とき》は、唯人の身神具足を以て之れを知るべし。省《み》よ、両手脚の四肢に中身と、是れ（肉体の）五行なり……又、神の妙用（精神活動）を以て之れを言う則は、一念の機《きざ》す、是れ胆木の発生なり、已《すで》に発すれば、乃《すなわ》ち心（心臓）動す。是れ火の感なり。心動すれば、妻愛を思う、是れ土気なり。愛《いとし》い思えば、茎（陰茎）堅競す。是れ金気なり。然して交楽（性交）を行うて精（精液）を洩らす、是れ水気なり……故に、心術・情慮・愛念、身体・手の放取・足の歩行、凡《すべ》て皆……五行の徳の一連感より出づ」と。心が身体に、身体が心に働きかけ、全体として統一的な人間の心身活動が営まれるのであり、心身二元論とは無縁である。

なぜならば、「転穀《てんこく》（米穀類）は蔵府（内臓）・気神（精神）と為《な》り、定穀《ちこく》（豆類）は身体・四肢・血霊（精神）と為り」と、人間の食べ物が人間の肉体と精神を形造り維持しているからでであり、人は物質存在だからである。

（２）社会論

そして、動物は「大が小を食らう」弱肉強食の世界が食物連鎖、生態循環の「序《ついで》」であり、自然のことがら、自然の状態だが、人間はそうではなく、「互いに親睦し、能《よ》き事は互いに譲り、難事は互いに救い」という相互扶助、相互福祉が本来の人間関係であり、社会の在り方の基礎であるという。

したがって昌益は、「自《ひと》り米穀の精神（エッセンス）、初見して男女、夫婦と為りて以来《このかた》（人類の誕生以来）、五倫（親子兄弟）と成る。五倫、各々夫婦と成り、歳月を暦《ふ》るに随いて五倫弥々《いよいよ》盛んに多く成る。五倫、多倫に成りて人里・邑村《ゆうそん》・多郷と成り、男は耕し女は織り、安食・安衣して夫婦和合し、親子は親しみ睦《むつ》まじく、子孫は実順に、兄弟・姉妹は懇《ねんごろ》信に、従兄《いとこ》は愛し親しみ、五倫唯《ただ》一和して、上下・貴賎の私法無く、貧富の私業無く、争い論ずること無く、不耕貪食の押領者無く、其の土地、其の土地に直耕・直食し……生生無窮なり」という平和で平等な在り様が、社会の本来的な姿であると言う。

そして「其の土地、其の土地」に応じた地域社会は、「原野・田畑の人は穀を出し、山里の人は材・薪木を出し、海浜の人は諸魚を出し、薪材・魚塩・米穀、互いに易得《えきとく》して、浜・山・

平里の人倫、与《とも》に皆、薪・飯・菜の用、不自由無く安食・安衣す」というように、「其の土地、其の土地」に応じた産物を交易によって融通し合い、相互に不足を補い合うというように、社会もまた相互扶助の精神によって「不自由すること無く」「安食安衣」し、生活を保障しあうのである。

なお、社会を支える個々人は、先述のように「万万人にして一人」であると同時に「一人にして万万人」であるところの、「万万面・万万形・万万心」という個性を持った多様な個人「万万人」である。一方、「人の業は直耕一般、万万人が一人に尽し極まる」もので、人々は単なる個人ではなく、「衆人」＝民衆、大衆として、類的な存在として把握される。

また、交易、流通は奨励されても、そこに金銭がからむことは否定される。金銭は人の心、社会を乱すからである。

(3) 平等論

昌益は、先に「仁」批判、「慈悲」批判で見てきたように、人と人との関係性に極めて敏感である。なぜならば昌益は、すべての存在が関係性すなわち「互性」で成り立っていると見ているからである。天地、明暗、男女、生死……といったように、一見対立しているかに見える二つの要素、二つの存在は、実は相「互」にその本「性」を依存し合い、規定し合い、反発し合い、そうした反発しあう動力を契機として相互に転化し合うものと見ていた。

そしてそれは、天体の運動や季節の巡りといった外界のものばかりではなく、心身存在である人間の身体各部や顔面の諸器官（面部の八門）、内臓（四腑四臓）、八情・八神といった感情や精神活動相互の対応関係、相互作用をも規定する、昌益にとっての基本的認識の枠組みであった。

そればかりではない。「互性」という範疇、方法論は、単なる認識方法＝診断方法であるばかりではなく、治療方法＝実践活動を支える方法論的な枠組みでもあったのである。医師・昌益によれば「性を互いにする」存在、「大小」「進退」という質量を持った「互性」関係にある存在は、本来、等価でなければならず、等価性（バランス）を失った状態が「病」なのであり、等価性を回復させることが治療行為になるからである。

顔立ちが違い、体つきが違い、気立てが違い、「万万面、万万形、万万心」を持った「万万人」ではあるが、「万万人なれども、人に於いて只一人」「万万人にして一人」と言われるように、すべての人は人類という点では共通であり、平等であり、等価なのである。

昌益が晩年、稿本『自然真営道』第三五「人相巻」で「男女を人と為す。一人を以て人と為《す》る則《とき》は失《あやま》りなり。男女を以て人《ひと》と為る則は可なり」と、男女一対の存在を強調したのは、類としての人間の存続には男女一対の存在が不可欠だからであり、どちらか一方でも欠ければ人類の存続が不可能だからである。男女の不可欠性、男女の等価性を示していよう。男女の等価性を示す言葉にはこんなものもある。「男の性は女、女の性は男にして男女互性……故に、男女にして一人、上無く下無く、統《す》べて互性にして二別無く」と。

にもかかわらず、聖人と称する輩《やから》、邪《よこしま》な心を病んだ存在が、誰の承認、誰の同意を得たわけでもなく、自分勝手に力づくで「推して」王と名乗っては人々の上に君臨し、上下・貴賤の階級社会を作り上げてしまったのだと言う。「万万人にして一人なる人間を、私法を以て推して王と為る」「万万人にして一人なるを、上下を為して氏（君）・民を作る」と。

病は治さなければならない。社会の医師、安藤昌益が「世直し」を構想し、病んだ社会の治療に取り組んだのは理の当然であり、職業倫理の当然の帰結でもあった。

（4）平和論

昌益の平和論は、香川大学の村瀬裕也さんが『東洋の平和思想』や『安藤昌益の平和思想』で、現代平和学の定礎者、ノルウェーのヨハン・ガルトゥングとの類縁性を指摘され、人文学者・エラスムスの『平和の訴え』を越え、カントの『永遠平和のために』と並ぶ、世界史上の平和論の高峰ときわめて高い評価を与えておられる。

私も、立命館大学国際平和ミュージアムを訪れたのをきっかけに、ヨハン・ガルトゥングとの出会いがあり、昌益の「自然真営道」の世界が、ガルトゥングの説く平和学とそのまま重なり合うものであることを論証してきた。ガルトゥングは「平和」の反対概念を「戦争」ではなく「暴力」におき、戦争・虐待・拷問といった目に見える暴力を「直接的暴力」、搾取・抑圧・

差別・偏見といった、目に見えないものの社会に組み込まれ構造化した暴力を「構造的暴力」、異文化への無理解や戦争・支配といった直接的暴力・構造的暴力を擁護し正当化する言説を「文化的暴力」として批判、告発している。

昌益の「自然真営道」の世界がこうしたガルトゥングの暴力批判とそのまま重なり合う旨は、既にいくつかの文章で論証してきたところだが、以下、簡単に振り返ってみたい。

昌益が、自衛軍も含めたあらゆる軍備の廃止、軍事研究の全面的停止を訴え、絶対的平和主義を主張したことは「直接的暴力」批判に該当しよう。しかも、「仇討《あだう》ち」が美徳と讃えられ、「忠臣蔵」が人々の喝さいを浴びていた時代に、「君父の怨みを報い、義を立て名を揚ぐと云うとも、又怨みを招き、敵を求め、乱を生ずる謀《なかだち》なり」として、暴力の応酬、暴力の連鎖＝報復戦争を告発していることは、まさに炯眼と言う外なく、昌益の洞察力の徹底性を示して余りあるものと言えよう。

また、「不耕貪食の徒」＝権力者・支配者が天下国家を私物化し、その永続化のために搾取・抑圧の社会制度を作り上げ、女性を子どもを産む機械として抱え置き、一夫多妻の蓄妾制度を作り出し……といった形での「私欲」に基づく法度《はっと》の世＝「私法の世」に対する批判は「構造的暴力」批判に該当する。

そして、儒教・仏教・神道といった伝統イデオロギーが、こうした社会的不公正、社会的不正義を告発するどころか合理化し正当化し、真実を隠蔽して人々の心を曇らせ、破壊している旨を批判していることは、まさに「文化的暴力」批判に該当しよう。

昌益の「自然真営道」の世界とは、まさに暴力批判、非暴力の訴えそのものである。インドに源を発する仏教文化、儒教文化に象徴される華夷秩序による中華文明という二つの文化帝国主義、文化的植民地主義に反旗を翻した昌益は、返す刀で神功皇后《じんぐう》の三韓征伐、豊臣秀吉の朝鮮侵略、薩摩藩の琉球支配、松前藩のアイヌモシリ侵犯、という日本の歴史上の侵略行為の全てを「道に非《あら》ず」として告発していた。

昌益はまた、「後世の害、察せざること失《あやま》りなり」という言葉で、歴史的なものの見方、社会的な行為、歴史的行為が果たすべき、世代を越えた責任の在り方を重視していた。

だからこそ、辞世の言葉にある「幾幾《いくいく》として経歳すと雖も、誓って自然活真の世と為さん」という、歴史の必然性への洞察――「自然世」到来への確信、「自然世」招来へ向けた昌益の呼びかけに対する後世の人々の応答への信頼もまた、持てたのである。

(5) 世直し論

稿本『自然真営道』第二五「良演哲論巻及び法世政事並びに真韻論」は、『大序』巻末の「統目録」で、「真営道書中、眼燈此の巻なり」と特筆された、特異な巻である。

「良演哲論」とは、晩年になって開催された昌益一門一四人による全国集会、学術討論会の記録とも言うべきもので、昌益の高弟で八戸藩の御側医《おそばい》・神山仙確が冒頭挨拶をし、司会を務め、昌益による基調報告（伝統イデオロギーについての個別批判）に続いて、弟子による質疑応答、補足説明、昌益と弟子たちの相互討論といったもので成っている。

なお、昌益の基調報告を受けて行なわれた討議には、更に討議用資料というべきものが配布されていた旨が、この間の研究で明らかになっている。討議用資料とは、稿本『自然真営道』第三五「人相視表知裏通察」巻にある「中身の弁」というもので、「情行・知分正しうして偏賢ならず、行条最善なり」とする、昌益一門の理想とされる人物像を描いたものであり、「学書を好まず、直耕を嫌わず……人を誹《そし》らず、人を誉《ほ》めず……」といった否定形のリフレインが、宮沢賢治の「雨ニモ負ケズ」を想起させるものとなっている。

昌益一門はここで、搾取と抑圧が支配する階級社会、人心の荒廃をもたらさずにはおかない欲望社会、欺瞞的な伝統イデオロギーが人々の目を曇らせる観念的社会、差別構造が人々の絆を分断して止まない「欲々盗々乱々」とした現実社会の中で、一人ひとりがどのようにしたら誠実に生きていけるのか、自然界の法則に適った生き方とは何か、といった個人倫理の問題を中心に討議を深め、相互に確認し合っている。

そして、討論の最後では、個人倫理の問題を越えて、世直しを、あるべき社会、あるべき公共を模索するようになる。「転下国、何を以てか、無限に平安ならん」「何を以てか、転下乱無く、国家盗賊を絶たん」と。

そして、集団討議の中で編み出されたのが「私法盗乱の世に在りながら、自然活真の世に契《かな》う論」（通称、契う論）である。理想社会を理想社会のままに終わらせず、どのようにしたら現実化できるか、理想と現実を橋渡しする「過渡期の論」である。

過渡期社会は、上に立つ者もそれ以外の者も、民衆もすべてが農耕＝直耕に携わる点に決定的な意味がある。なぜならば、昌益によれば、村落共同体から離れ、生産力豊かな土地から自然から離れた都市住民（公家・武士・職人・商人・遊民）は上も下も、自然から疎外された存在であり、本来の人間の姿ではないとされる。直耕に携わることは、単に「不耕貪食」を止め、自らの食い扶持を自らの手で賄うだけではない、直耕（農耕）に携わることで本来の人間性を取り戻すのである。本来の人間性を回復するのである。心身ともに病んだ都会人に対する医師・昌益の処方箋である。「道に志す者は、都市繁華の地に止まるべからず」と言われる所以である。

なお、「契う世」の上《かみ》（最高権威者）は、「転下の衆人挙げて主上に為らんことを請う」という民衆の推挙を受けた場合であり、「政事」はすべての人が直耕を実践しているかどうかの監視だけに限られ、「政事」は基本的に農民＝民衆による地方自治（邑政《ゆうせい》）に限られ、地域分権主義、自給自足、地産地消が採用される。

また、昌益一門の世直し論で注目すべきことの一つとして、視覚障害者への言及があることを挙げておきたい。障害者の多くが「親の因果が児に祟《たた》り」と、差別と偏見に呻吟していた江戸時代中期に、障害を「時の不幸」と見る冷静な眼差しとともに温かな相互扶助の精神から、世直し論の中に障害者をきちんと位置付け、社会の構成員として包摂しているのである。今で言えば、ソーシャルインクルージョン、共生社会という考えに達していたものと思われる。

それればかりではない、そもそも世直しの方法論からして画期的なものであった。支配者・権力者による民衆抑圧の暴力装置である武士団の解体、上に立つ者の所有地の制限、城郭の禁止、贅沢や快楽の追求の禁止等々、旧社会で「上」に立っていた者に対しては、民衆の付託を受けた「上」が「法」で規制するが、職人、商人、学者、僧侶、神主、遊芸の徒といった「遊民」に対しては、すべて説得―気づきを促すことで、人間存在の根本、「耕・穀食に非ざれば、人在ること能わざる」という冷厳な事実を「暁《あか》し」「暁《さと》し」気づかせるのである。対話、説得ないし教育という非暴力的な手段によってである。

ちなみにこれは、日本の精神医学の草分けでもあった医師・昌益の治療法とも対応している。稿本『自然真営道』「人相巻」末尾に、「乱神病（精神病）の論」があり、その治療法として対話療法が採られているのである。

「乱神病……薬力のみにしては治すること成り難し。故に理解を以て其の愚迷を暁《さと》らしめ、神知之れを得さしめ、慎み守らしめて、異薬を加え之れを治す。故に、此の治方は理を明かし暁して之れを治す」と。

おわりに

以上、昌益の「公共哲学」とも言えるものを一渉り見てきたつもりだが、何とも駆け足で隔靴掻痒の感を拭えない。朴さんには、他日を期したいとお詫びするしかない。

最後に、昌益にとっての「公共哲学」とは一言で言えば、「道」＝自然真営道を考察し、体得し、実践することにあると思われる。そうした観点からすれば、江戸時代の昌益の思想が現代の「公共哲学」に貢献できるものとして、「環境問題」「科学技術問題」を考えるにあたって、人間と自然の共生ではなく、自然内存在としての人間、自然への畏敬を起点においた「公共哲学」が構想されてもいいのではないかと思われる。妄言多謝。

4　「直耕」という言葉の由来について——一つの仮説の試み

はじめに

安藤昌益の基本用語にはいくつもの魅力的な言葉がある。曰く「万万人にして一人、一人にして万万人」、曰く「男女を以て人と為す、一人を人と為《す》る則《とき》は失《あやま》りなり」等々。数え上げればすぐにも十指に余るだろう。「互性」や「直耕」もそうしたものの一つである。

そのため、農文協版『安藤昌益全集』の完結を機に結成された昌益研究の全国ネットワークであり、昌益ファンクラブでもある「安藤昌益の会」の会報は『直耕』と題され、題字には昌益自筆の可能性のある『統道真伝』糺仏失巻（龍谷本）の影印からその二文字を借用して、昌益を偲ぶよすがとしている。

「直耕」の意味するもの

「直耕」は「直《じか》に耕す」「直《てづか》ら耕す」などとも読まれ、原義的には農民による直接的な農業労働・生産労働を指している。また「直耕の衆人」という言葉が農民を指していることからも、その点が裏付けられよう。

ちなみに、直耕の反対概念は「不耕貪食」（耕さずして貪り食う）と言われ、権力者・支配者による搾取・収奪を意味し、「直耕の衆人」の反対概念は「不耕貪食の徒」と呼ばれ、権力者・支配者および権力に寄生して搾取・収奪を合理化・正当化している体制イデオローグ（聖人・釈迦）を指す。昌益によって「国の虱《しらみ》」「強盗の異名」と指弾されるように、「直耕」は、昌益の社会思想、階級社会論の基礎概念の一つとなっている。

そればかりではない。「直耕」という言葉は昌益の自然哲学のキーワード「自然」の生産性を擬人化したものとしてもある。曰く「活真、直耕して転定《てんち》を為《つく》り」、「轉定、直耕して人・物生ず」「万物生生無尽、是れ活真・転定の直耕なり」……と。

そして思索の深化に伴い、「直耕」の意味するところはさらに深化・拡張されて、「四類（動物）の大小互食する、乃《すなわ》ち互食の直耕」「草木の逆気を食うは乃ち草木の直耕」と、自然界の食物連鎖・生態循環をも意味するようになる。また、炉における煮炊きが「炉土活真の直耕」、胃における消化・吸収作用が「胃土活真の直耕」と表現されて、物質代謝・エネルギー転換・エネルギー循環を意味するようにもなる。

いわば、「直耕」とは、宇宙の全存在を貫く存在法則・運動法則を意味する基本用語中の基本用語としての役割を担うようになったのである。

直耕という言葉の由来――先行研究者による推論

こうした昌益思想の根幹をなす「直耕」という言葉について、『全集』編集代表の寺尾五郎氏は次のように言っている。「直耕」という言葉は、昌益以前のいかなる和漢の古典にも似た言葉もなく、まったく昌益の創造であると（九二年、農文協刊『論考安藤昌益』35ページ）。

事実、世界最大の漢和辞典と言われる諸橋轍次の『大漢和辞典』にも、日本最大の国語辞典と言われる『日本国語大辞典』にも、見出し語として採り上げられていない。寺尾氏が言うように、いわば昌益の著作、昌益の思想に固有の言葉、固有の概念だと言うことができよう。

では、昌益は何をきっかけに前代未聞の「直耕」という言葉を、概念を、創造しえたのであろうか。自らの自然哲学、社会思想の基本範疇に据えたのであろうか。

「直耕」という言葉の由来についてはこの間、安永寿延、寺尾五郎、東條榮喜の各氏が自著で推論を公にされているので、まずはその一つひとつについて見てみよう。

安永氏は『安藤昌益――研究国際化時代の新検証』（九二年、農文協刊）で、次のように述べている。

直耕……は長いあいだ自明のように「直接的耕作」、すなわち直接肉体を労する耕作と解釈されて、なんら疑われることがなかった……しかし……伝統的な解釈においては、「直」は「正」と同義であり、「直耕」とは「正しい耕作」にほかならず（同書３ページ）とか、直という概念の源流は……「直行という耕道」または「正見と正業という耕道」であったかもしれない……昌益も道元《どうげん》を介してこの言葉に触れる機会をもったに違いない……この「耕道」という用語こそが「直耕」という概念の直接の原型であった（同書315ページ）といった形で、もっぱら仏教・仏典に拠りながら「直耕」概念の由来を推測している。

次に寺尾氏は『安藤昌益の社会思想』（九三年、農文協）で次のように述べている。

昌益は……古くからある生業を示す言葉……に「直」の字を冠し、「直耕織」「直耕・直織」とすることで、直接に身を使い手ずから「耕し織る」という意味の語に変え、「食衣」を生産する労働を意味する言葉に変えたのである。それが昌益による生産労働一般を意味する概念の創造であった……彼は、「直家」「直器」「直作」という言葉を併用し……これらを総合して、「直耕」とは衣・食・住・器のすべてにわたる人間の生活資材を生産する労働の意味であるといえる（同書372ページ）。

昌益は……すべての「直力」「直作」という労働一般を「直耕」と呼んだ。昌益は、人間の生産労働の社会的意味を集中的に論ずることによって、「直耕」という和製漢語を創造した。それは日本思想史上また日本言語史上にはじめてあらわれた労働概念である（同書442ページ）。

こうして寺尾氏は『荘子』や『墨子』といった中国の古典籍、『古事記』『日本書紀』といった日本の古典、さらには古今東西の様々な労働観をも踏まえた上で、昌益による「直耕」概念を日本思想史上に位置づけ、そのことの画期性が謳われる。

最後に東條氏は『互性循環世界像の成立――安藤昌益の全思想環系』（二一年、御茶の水書房）の中で、安永氏の推論や寺尾氏の所論を踏まえた上で、次のように述べている。

昌益の「自ら耕す」＝「自耕」＝「自働」は「他耕」＝「不耕貪食」に相対する用語・概念でもある。今まで「直耕」概念の成立に関しては、「直」の字にばかりとらわれて、この「自ら耕す」という平易な表現を忘れていた向きは無かったであろうか。「直接耕す」という側面の他に、自分で耕すという主体行為が天行の継続だという側面を軽視していたのではなかったであろうか。同じ昌益の用語である「自耕」が「直耕」概念の確立への重要な介在的役割を果たしたと筆者は捉える（同書287ページ）と。

安永氏の推論は、寺尾氏が前掲書で全面的批判をされたように、また筆者が「自己陶酔した創作説の数々」と酷評したように（〇七年、草思社刊『安藤昌益の世界』110ページ）、昌益の原文とは縁もゆかりもない、安永氏の頭の中にだけある相も変らぬ創作で、引用するのもためらわれたが、近年の昌益研究に特徴的なある傾向の例証として敢えてご紹介した次第である。

ちなみに、氏は「営々と耕す農民が凶作や飢饉に苦しむのは、自然に対する正しい認識にもとづいていないからだ」として、昌益があれほど口を極めて告発し弾劾していた「不耕貪食」の語は、同書からは影も形も姿を消してしまい、権力者による収奪は免罪され、逆に「正しい認識にもとづいていない」と濡れ衣を着せられた農民自身の自己責任に転嫁されてしまっているのである。

一方、寺尾氏による昌益の労働観についての包括的かつ詳細な考察、中でも「直耕」論の位置づけはきわめて示唆的であり、その点を踏まえて東條氏が指摘された「主体行為」という観点こそは、根源的な思索を常とする昌益を語る上で、きわめて重要な指摘だと言えよう。

由来についての仮説の試み——もう一つの推論

本稿では東條氏の指摘・考察を補強する意味で、そのきっかけが、孟子の言行録『孟子』の中に、また陶淵明《とうえんめい》の詩作の中にあったのではないか、ということを一つの仮説として提示してみたい。

なお、仮説というのは、昌益自身が「直耕」という言葉の由来について、現存する著作の中では何も言っていないこと、言っていたかもしれないものの著作の大部分が関東大震災によって灰燼に帰してしまった以上、昌益の他の著作による対校＝裏付けができないからである。

では以下、孟子の言行録と陶淵明の著作に拠りながら、その点を見てみよう。

孟子、すなわち孟軻《もうか》（前三七二〜前二八九）とは、言うまでもなく中国戦国時代の思想家で、儒教が「孔孟の教え」とも言われるように、孔子と並び称される儒教の大成者の一人である。

孟子についての昌益の評価は、稿本『自然真営道』巻三「私法儒書巻」や『統道真伝』「糺聖失巻」などで展開されているので、『全集』の該当個所に当たって見てみよう。

昌益は『孟子』巻六「滕文公《とうぶんこう》章句上」にある文言を引きながら、孟子が社会における役割分担（分業）に言寄せて、権力者および孟子を始めとする体制イデオローグによる民衆支配を正当化しただけではなく、民衆からの搾取・収奪をも正当化し開き直ったとして、「以ての外なる利己・口才の妄失」、「妄りに天下押し取り強盗の業なり」と、徹底的に批判している。ところで孟子の言行録には「直耕」を巡って見逃せない重要な文言がある。『孟子』巻十「万章章句下」二の冒頭部分、周代の位階制度―封建的身分制に基づく「爵禄」について述べた部分である。

天子の制……君は卿の禄十にし、卿の禄は大夫を四にし、大夫は上士に倍し、上士は中士に倍し、中士は下士に倍し、下士は庶人の官に在る者と禄を同じくす。禄は以て其の耕に代うるに足るなり。

ここで注目したいのが「禄は以て其の耕に代うるに足る」という言葉で、「官に在る者」は「公務に服して自分で耕すわけにいかないから、その代わりに一般農民に準じて……俸禄をもらう」というもので、中国では「代耕の禄」ないし「代耕」という言葉が、れっきとした熟語としてあったもののようである。たとえば『大漢和辞典』には「代耕」という語が見出し語として収録され、「官からもらう禄米。転じて、仕官すること。耕さずに食うこと」とある。

では昌益が孟子とはまったく逆に、その生き方を高く評価していた陶淵明について見てみよう。淵明（三六五～四二七）は東晋時代の詩人で、「桃花源記」で東洋的理想郷を描きだし、「帰去来の辞」で役人の道を棄てて後半生、農耕に従事したことを謳ったため、昌益が曾子《そうし》（曾参《しん》）とともに高く評価した歴史上の人物である。

ちなみに、稿本『自然真営道』私法儒書巻二「孔丘、魯に用いらる、及び淵明」では、「孔丘を以て上世の聖と為し、淵明を以て後世の賢と為す」という伝統的な人物評価に異を唱え、「自《ひと》り直耕して麤食《そしょく》なれども安食衣して道を転定と与《とも》にす」る淵明を高く評価し、「直耕を為さずして衆国を遍歴して、身心を安んぜざる」孔子を「淵明が為に罪人ならん」と断罪している。

ところで、淵明が五〇歳頃の連作と思しき「雑詩」第八の冒頭には注目すべき言葉が使われている。先に孟子のところで見た「代耕」である。淵明の詩を見てみよう。

代耕は本より望みに非ず
業とする所は田桑《でんそう》に在り

「代耕」（＝仕官）は元々、自分が望んだ生き方ではなかった、田畑を耕す生き方こそが本来の生き方であった……と。

孟子が「代耕」を肯定し、「代耕」に開き直っていたのとは対照的に、陶淵明は「代耕」を「望みに非ず」として否定し、「帰りなんいざ、田園将《まさ》に蕪《あ》れなんとす」（『帰去来の辞』）と言い残して、自ら農耕に従事したのである。昌益が高く評価した所以である。

おわりに――「代耕」から「直耕」へ

以上見てきたように、「代耕」という言葉は、現存する昌益の著作では直接の言及は見いだせないものの、昌益が自らの思想形成にあたって渉猟したであろう夥しい和漢の古典籍の中でも極めて重要だと思われる『孟子』と陶淵明の詩に共通して見出される言葉、概念であることが確認できよう。

「代耕」の「代」は、今でも「(本人に) なり代わって」とか「(本来ではなく) 代替として」といった意味で、日常的に使われている。一方、昌益の「自然真営道」の真髄はご存じのように、「自《ひと》り然《す》る」「自り感《はたら》く」といった自発性・内発性、あるいは自律性・自立性にある。そればかりではなく「他を俟《ま》つに非ず」として、代替によらない、他人任せにしないということから、当事者性・主体性を重んじることにもなる。

つまり、東條氏が、昌益の著作から「聖人は……自ら働かず耕さずして」という個所を引用し、「他耕」に対する「自耕」を取り上げて「主体行為」として言及されていたことは、まことに注目すべき着眼であると言えよう。

昌益は、孟子と陶淵明の生涯を辿り考察を加える中から、両者の著作に共通して登場する「代耕」という言葉に込められた欺瞞性――搾取・支配の合理化・自己正当化とお為ごかし――に気づき、「代耕」は欺瞞だと断じるとともに「代」耕ではない、「自ら」「直に」耕すことこそ、人間本来の生き方・本物のまっとうな生き方であるとの強い思いに突き動かされたものと思われる。

そして、そのことを表現するものとして、「他耕」に対して「自耕」を、「代耕」に対して「直耕」を対置することで思索を深め、差別的・伝統的な労働貴賤観の一八〇度の転倒をなしえたのではないだろうか。

第3章

安藤昌益の平等論

1 「格差」社会と安藤昌益——平等論

はじめに

『日本教育技術方法大系』(向山洋一・TOSS編集委員会編)という教員向けの教育実践記録集は、学年別、教科別に編まれた全一五巻のシリーズ本だが、その第六巻「小学六年生の教え方大事典」(二〇〇一年一〇月、明治図書刊)に、広島県の小学校教諭・大丸哲男氏の「寺子屋では、何を学んでいたのか?」と題する、こんな興味深い実践報告が掲載されている。

子どもたちは「なぜ江戸時代は二六四年間も続いたのか」という問題意識を持っていたので、その回答には庶民の教育機関である寺子屋が一つのポイントになるとして、寺子屋の図を見せながら、一五人の子どもたちを相手に、「これは何をしているところか」「寺子屋では何を習っていたのか」と問い、子どもたちに教科書や社会科の資料集を使っていろいろと調べさせ、「儒学」「読み書きそろばん」「習字」などを習っていたことを発表させたという。

そして、江戸時代の三人の思想家、林羅山・貝原益軒・安藤昌益の考えを紹介し、おかしいと思うところ、なるほどと思うところを指摘させると、一五人中一〇人の子どもが、林羅山の

「上下の差別がなくてはならない。主君は尊く臣下は卑しいのであるから、その差別がなければ国はおさまらない」をおかしいと思い、一〇人中八人の子どもが、貝原益軒の「婦人の道は、人に従うことである」をおかしい考えだとして指摘している。一方、安藤昌益の「人間には上下の差別はなく、すべて交互性を持っていて、両者の差別はない」を、一五人中一三人がなるほどそうだと思うと、賛同している。

その上で、寺子屋で実際に使用されていた教科書は誰のものか、その理由はなぜかを問うたところ、大丸先生の予想に反して一五人の子どもたち全員が、安藤昌益のもの、と答えたと言う。その理由としては、①寺子屋の教育が明治維新の新しい文化を発展させる大きな力になったと教科書にあるので、寺子屋では安藤昌益のいうように平等を教えていたと思う、②もしも林羅山のようなことを教えていたとしたら、身分制のない今頃のような時代になっていないと思うから、③安藤昌益のような考えを聞いたら、寺子屋の子どもたちは嬉しいと思うし、力が出てくると思うから……といった、予想外の回答が紹介されていた。

こうした回答を受けて大丸先生からは、寺子屋で実際に使われていた教科書は貝原益軒が書いたものであり、「上見て暮らすな、下見て暮らせ」「男子は尊くて女子は卑しい」という身分制や差別意識を肯定する考えが教えられていたこと、武士の子どもたちが通った藩校や私塾では、林羅山が説いたような儒教が教えられ、民衆を支配し、身分制を確立しようとしていたこと、こうした差別思想によって身分制度が支えられ、江戸時代が二六四年間も続いた旨が説明され、「厳しい身分制度のあった江戸時代にも、それを批判する安藤昌益のような人もいた。本来、人間は差別する心は持っていない。もしも、差別する心があるとすれば、周りの大人や社会の中で、教わってしまったのかもしれない。そうならないために、自分たちの生活を厳しく見つめ、『何が差別なのか』を判断し、行動できる人間になっていきたいものだ」という言葉で授業が締めくくられた、とのことである。

子どもたちが、身分制度がなくなり、平等だと思っている現代の日本社会で、時の厚生労働大臣から「女性は子どもを産む機械」といった女性差別発言が飛び出し、一九九五年に経団連が発表した「新時代の『日本的経営』」を梃子《てこ》として、この間、進められてきた労働法制の改悪――労働行政の形骸化によってもたらされた労働市場の規制緩和――労働市場の「自由化」によって、ワーキングプア、過労死、自殺者三万人の格差社会・不平等社会が現出しているのは何故だろうか。子どもたちには酷な言い方になるが、子どもたちが寺子屋で安藤昌益の平等論が教えられていたと誤解したように、現在の日本社会は、身分制度がなくなり、平等だと思っているのは、実は人々の誤解であり、幻想であると言わざるを得ないのではないだろうか。女性差別も、身分制度も、江戸時代ほど露骨ではないにしても、形を変え、見えにくくなっているだけで、依然として今に生きているのではないだろうか。男女共同参画社会が謳われているのは、実際には女性差別が生きているからこそであり、身分制度もまた、形を変え、名称を変えながらも、人々の意識の内に生き延びてきているのではないだろうか。

その前に、「江戸時代の身分制度を徹底的に批判した」とされる安藤昌益だが、昌益が何をどのように批判していたのか、そのことの実態を、私たちは子どもたちと同じように、実際には何も知らずに、分かった気になっているのではないだろうか。江戸時代の身分制、差別意識を支えた言説について今一度、原点―原典に返って確認してみたい。

安藤昌益の「格差」社会論

安藤昌益による社会批判――儒教批判、仏教批判、神道批判といった伝統イデオロギー批判は、その激越さ、徹底性において同時代の他に類を見ないが、刊本『自然真営道』前篇三巻三冊、稿本『自然真営道』一〇一巻九三冊のうち関東大震災での焼失を免れた一五巻一五冊、写本『統道真伝』四巻五冊といった現存する著作で見る限り、実は各種経典の章句の批判や歴史的事実の批判が中心で、眼前の社会批判、現状分析は一般に考えられているほどには多くない。

そうした中、「法世物語」巻と題された稿本『自然真営道』第二四巻は、鳥獣虫魚、つまり動物の口を借りて眼前の「法世《ほうせい》」社会――法度《はっと》、法度の法の世を批判したものとして、とかくリゴリスティックな謹厳実直居士《さんげんじっちょくこじ》として見られがちな昌益にしては珍しく、ユーモアに溢れた動物譚《たん》として知られているが、そこでの現状分析・社会批判には、昌益ならではの鋭い批評眼と同時に、都市細民＝ワーキングプアに向けられた昌益の温かな眼差しが窺えるので、まずそこから見てみたい。

昌益は眼前の「格差」社会について、都市細民の窮状を次のように述べている。

「吾れ等、小鳥（都市細民）にして国・家を持たず、諸国流牢《るろう》して、其《そこ》の縁先《えんさき》、此《ここ》の軒下に借家して、一生、家持たず……貧窮に暮らす……下に極窮の人出て、橋の下に雨宿りし、此彼《ここかしこ》の裏屋・庇《ひさし》の下に借屋し、疎食・疎衣して暮らす人、多し」「手間取り・雇い者は重荷を負い、膠《にかわ》・蠟《ろう》の如くなる油汗を流し、革皮の如く辛苦して、一生安き事無く、死する者有り」「下民には、身代《しんだい》亡ぼして乞食・非人に成る者有り……凶年に遇うて餓死する者、過半有り。天下多死すること有り。貧乏にして家を売り厥《か》け落《お》ちする者有り。借金に甚だ苦しむ者有り……金銀無くして地獄と云う者有り」「凶年に餓死し、借金に迫られて厥け落ちし、年貢に迫られて牢人《ろうにん》し、貧に苦しみ盗みを為し」と。

こうした窮状は、決して下民の自己責任によるものではなく、「王・侯、上に立ち、栄耀・珍味・美服する」ことの結果であり、権力者＝搾取者・支配者、寄生者による収奪と贅沢三昧があるからに他ならないとして、昌益は強い調子で告発している。

昌益は、江戸期の身分制社会、階級社会における収奪の構造を「法世物語」巻において、「強工の者、推して私に王と成り」「王は公卿《くぎょう》の功を食らい、公卿は将軍の功を食らい、将軍は諸侯の功を食らい、諸侯は諸役人の功を食らい、諸役人は足軽の功を食らい、足軽は諸民の功を食らい、万民は、主《あるじ》は奴僕《ぬぼく》の功を食らい」として、「大が小を食らう」弱肉強食の獣世、人の世にあらざるものとして描き出している。

それだけではない。「強工の者、推して私に王と成る」という場合の「強工の者」とは、力の強い者、知恵の働く者であり、「推して私に」とは、社会的な合意を経ずに、人々の了解を得ずに、自分に都合のいいやり方で、一方的に権力者・支配者になることを指しており、稿本『自然真営道』第四「私法儒書巻」などでは、「乱争に非《あら》ざれば、王と為られず。故に、必ず戦い兵乱して王と為る」として、武力・暴力を伴わずには権力者・支配者になることができないという、冷厳な事実を指摘している。

身分制度を支える論理

では、江戸期の身分制社会を支える論理、封建イデオロギーの実際とは、どのようなものであったのだろうか。以下、原典に則して見てみたい。

先の「寺子屋」の授業にも登場した林羅山（一五八三〜一六五七）は、はじめ建仁寺の僧であったが藤原惺窩に師事して朱子学に転じ、徳川家康以来家綱まで四代に亙《わた》って将軍家に仕え、朱子学を官学として徳川封建イデオロギーの根幹に据えた人物であるが、その羅山は『羅山先生文集』で次のように言っている。

「天は上にあり、地は下にあるは、天地の礼なり。此れ、天地の礼を人、生まれながらの心に立てたるものなれば、万事に付けて上下・前後の次第あり。此れ、心を天地に推し拡むれば、君臣上下、人間乱るべからず」「天の道を承《う》くときは、天は尊く地は卑し。天は高く地は低し。

上下差別あるごとく、人にも君はたっとく、臣はいやしきぞ。その上下の次第を分けて、礼儀法度と云うことを定めて人の心を治められたぞ……その差別がなくば、国は治まるまい。君にも天子あり、諸侯あり。その差別がなににつけてもあるぞ……何につけても、その法度あるを礼と云うぞ。礼と云うことがなくて、君臣分かちもなくんば、臣下として君をないがしろにし、君も臣を使うに礼義が無くんば、国は治まるまいぞ」と。

子どもたちの多くが「おかしい」と指摘した、「上下の差別がなくてはならない。主君は尊く臣下は卑しいのであるから、その差別がなければ国はおさまらない」という考え方である。

また、幕府の御用哲学、林羅山の推す朱子学を批判し、日本陽明学派の祖として近江聖人とも讃えられる中江藤樹（一六〇八〜四八）もまた『翁問答《おきなのもんどう》』で、支配階級内部の階層構造と被支配階級（庶人）との別――尊卑の位を、次のように言っている。

「人間尊卑の位に五だんあり。天子一等、諸侯一等、卿大夫《けいたいふ》一等、士一等、庶人《しょじん》一等、すべて五等なり。天子は天下をしろしめす御門《みかど》の御くらいなり。諸侯は国を治むる大名のくらいなり。卿大夫は、天子・諸侯の下知《げち》を受けて、国・天下のまつりごとをする位なり。士は、卿大夫につきそいて政の諸役をつとむる、さむらいの位なり。物作りを農と云い、職人を工と云い、あきんどを商と云い、この農工商の三つはおしなべて庶人の位なり」と。

柳沢吉保に仕え、『政談』を著わして幕政に参画、古文辞学派《こぶんじがく》をおこして一世を風靡したと言われる荻生徂徠（一六六六〜一七二八）もまた、身分制度を擁護して次のように言っている。

「制度と云うは、法制・節度の事なり。古聖人の治に制度と云う物を立て、是れを以て上下を立て、奢《おご》りを押さえ、世界を豊かにするの妙術なり……最初に、町人・百姓と武家との差別を屹度《きっと》、立つべき事なり」と。

また、鎖国日本にありながら、対馬藩の儒者として朝鮮外交の任に当たり、中国語だけではなく朝鮮語も解した国際的・開明的な人物と評されている雨森芳洲（一六六八～一七五五）も、その著『橘窓茶話』で、次のように言っている。

「君臣上下・尊卑大小、各々其の分を尽くさんのみ。侵瀆《しんとく》の患《うれ》い無ければ、則ち天下治まらん」「人に四等有り。曰く、士農工商。士以上は心を労し、農以下は力を労す。心を労する者は上に在り、力を労する者は下に在り。転倒すれば、則ち天下、小にしては平らかならず、大にしては乱れん」と。

なお、こうした儒者ばかりではなく、当時としては出色の海外知識を盛り込んだ地理書『日本水土考』『華夷《かい》通商考』等を著わした町人学者で、自然科学的な知識もある天文家の西川如見（一六四八～一七二四）などさえも、その著『町人嚢《ぶくろ》』では、

「聖人の書を考ふるに、人間に五つの品位あり。是れを五等の人倫といへり。第一に天子、第二に諸侯、第三に卿大夫、第四に士、第五に庶人なり。是れを日本にて云うときは、天子は禁中様、諸侯は諸大名主、卿大夫は旗本・官位の諸物頭《ものがしら》……扨《さて》、庶人に四つの品あり。是れを四民と号せり。士農工商、これなり」と、儒学者が説く、眼前の身分制度をそのまま受け入れ

てしまっている。

こうした見解を前提とすれば、「泣く子と地頭には勝てぬ」ではないが、お上の言うことはご無理、ごもっともとして受け入れる・従うしかなく、また従うことが当然とされよう。「百姓共をば、死なぬ様に生きぬ様にと合点いたして収納申付る様に」（大道寺友山『落穂集』）とされ、「百姓とぬれ手拭《てぬぐい》はしぼる程出るもの」（『百姓盛衰記』）であり、「女性は子どもを産む機械」ならぬ「百姓は年貢を納める機械」というわけである。

その治世時代、飢饉にあっても一人の餓死者も出さなかっただけではく、数々の藩政改革を成し遂げ、江戸時代屈指の名君の一人として知られる米沢藩主・上杉鷹山の侍講、細井平州（一七二八～一八〇一）は、『桜鳴館遺草』で「是れを辨別なく、時を恨み、上をそしる人は、不良の人」と述べている。つまり、時の政治を批判したり、社会構造を問題視したりすることは、不届きなことであり許されることではない、というのである。

女性差別・男尊女卑を支える論理

さて江戸時代は、先の寺子屋の教科書の著者、貝原益軒の例でも見てきたように、身分制社会であると同時に、男尊女卑の女性差別社会でもあった。そしてそれは、朱子学・儒学だけではなく、仏教によっても権威づけられていた。

日本初の画期的な本草《ほんぞう》書である『大和本草《やまとほんぞう》』を著わし、自然科学者として合理的精神の側面をも持つ福岡藩の儒者、貝原益軒（一六三〇〜一七一四）は、江戸期女子の修身書として広く用いられた『女大学』の種本とも言える通俗教訓書『和俗童子訓』を著わし、男の側から離婚を正当化する理由を挙げた（七去《しちきょ》）かと思えば、冒頭の「寺子屋」の授業でこどもたちが「おかしい」と感じた女性の守るべき道（三従《さんじゅう》）を説いたり、女性の先天的・生理的欠陥（五疾《ごしつ》）を述べたりと、封建道徳に基づく女性観、男尊女卑の女性観を何とも直截的に表現している。

益軒は言う、

「婦人に七去とて、悪しきこと七つあり。一には、舅《しゅうと》・姑《しゅうとめ》に順《したが》わざる女は去るべし。二には、子なき女は去るべし。是れ、妻を娶《めと》るは子孫相続の為なればなり。三には、淫乱なれば去る。四には、悋気《りんき》ふかければ去る。五には、癩病などの悪しき疾あれば去る。六に、多言にて慎みなく、物いい過ごすは、親類とも仲悪《あ》しくなり、家乱るるもとなれば去るべし。七には、物を盗む心あるは去る。此の七去は、皆聖人の教えなり。女は一度嫁いりて其の家を出されては、仮令《たとえ》ふたたび富貴なる夫に嫁すとも、女の道にたがいて大いなる辱《はじ》なり」「婦人は別に主君なし。夫を主人と思い、敬い慎しみて仕《つか》うべし。総じて婦人の道は、人に従うにあり。夫に対するに、顔色言葉づかいに慇懃《いんぎん》にへりくだり、和順なるべし。不忍にして不順なるべからず。奢りて無礼なるべからず。これ、女子第一の勤めなり……女は夫をもって天とす。返す返すも、夫に逆いて天の罰を受くべからず」「女子は、幼き時は親に従い、長じては夫に従い、老いては子に従う、是れを三従の義というなり」「凡《およ》そ、夫人の心持の悪しき疾は、和《やわら》ぎ従わざると、怒り恨《うら》むと、人を誹《そし》ると、ものを妬《ねた》むと、知恵浅きとなり。此の五の疾は、十人に七八は必ず有り。是れ、婦人の男に及ばざる所なり。……中にも、知恵浅き故に五の疾も発《おこ》る。女は陰性なり。陰は夜にして暗し。故に、女は男に比ぶるに愚かにして目前なる然《しか》るべきことも知らず……」と。

一方、出世間（出家）主義・独身主義を理想とする仏教では、女性を仏道修行の妨げ、不浄な存在として蔑視してきたが、中でも『法華経』第四提婆達多品《だいばだったぼん》では、女性は生まれながらにして、梵天王・帝釈・魔王・転輪聖王および仏になれない五種類の障碍を備えた存在であるとされている。五つの障碍、五障とは、「女人は……雑悪多態なるが故……淫欲にして節なきが故……軽慢不順にして正教を毀失《きしつ》するが故……匿態《とくたい》に八十四ありて清浄行あることなきが故……色欲に着し、情に淖《(ママ)》し、匿態ありて身口・意、異なるが故に、仏となることを得ず」というのである。

今から見れば、女性蔑視というよりも、偏見ないし言いがかりとしか思えない物言いだが、こうした女性差別の言説が、真顔で取り沙汰されていたのである。

そして、こうした身分制度と女性差別が重複したところに、「家」優先の男権社会、江戸時代を象徴するものとしての蓄妾制度が位置していた。

荻生徂徠は言う、「妾《めかけ》というもの、無くてかなわざるものなり」と。また、江戸中期の儒学者、三宅尚斎（一六六二～一七四一）は、その著『黙識録』で「陽の数は奇にして、陰の数は偶なり。臣上に二君無く、君下に庶臣あり。婦は二夫に事《つか》えず、夫に妻妾あるべし。凡そ、陽の属は則ち尊く、陰の属は則ち卑し。尊き者は必ず一にして、卑しき者は二三あり。此れ天地自然の理なり」と、説いている。

先に引いた近江聖人・中江藤樹は、『翁問答』で次のように言う。

「儒道の法には庶人ばかり妻一人の定めなり。天子より士までは、その位《くらい》々分々相応によって后・夫人・世婦・妻・妾の員数、自然の天則ありて、妻一人の定めにあらず。仔細は根本、子孫相続の道なれば、婦人に子なきものある故なり」と。

なお、徳川家康の遺訓として伝わる『成憲百箇条』には、後宮三千人とは言わないまでも、「天子に十二妃《ひ》、諸侯に八嬪《ひん》、大夫に五嬙《しょう》、士に二妾、それ以下は匹夫《ひっぷ》なり」とある。

つまり、家の存続のためには妾を持つことが当然とされ、一夫一婦制は家の存続を認めない禽獣の所業として否定されるのである。幕末水戸藩の重鎮で、水戸学の大成者、会沢正志斎(一七八一～一八六三)は、その著『迪彝《てきい》篇』に言う。

「西戎、南蛮には……男女の尊卑も無く、一夫一婦の……禽獣に均《ひと》しき風俗」「大道を知らざる者よりして論ずる時は、男女ともに同じき人なれば、一夫一婦にして匹配するを其の道と思うべけれども、是れ又、陰陽の理に暗き陋説《ろうせつ》なり。凡そ天地の道、貴きものはその数少なく、賎しきものは数多し。陽は貴く陰は卑しければ、男女の道も億兆の臣民一君に事《つか》うるがごとく、一家には一夫にして妻あり妾あり。衆女共に一男に事うる事、天地の道なり」

「妻は何の為にか持てる、子孫を嗣《つ》がん為なり」と。

「女性は子を産む機械、子を産む装置」というわけであり、そこに人格・人権といったものが認められるはずもないのである。

身分差別・女性差別に抗して

もとより二六四年も続いた江戸時代の間に、こうした身分差別・女性差別に抗して、人間の平等＝四民平等・男女平等を説いた言説がなかったわけではない。

たとえば、八代将軍・徳川吉宗の侍講で、『駿台雑話』他を著した江戸中期の大儒、室鳩巣《むろきゅうそう》（一六五八〜一七三四）は、晩年の著書『不亡鈔』において社会契約説にも類する論を展開していて興味を引かれるが、鳩巣は社会の前提としての人間の平等について、次のように言う、

「もと、人に貴賎なし。……子細は、人、天地の間に生じて五体同じく、知覚異《こと》ならず。皆、天地に取り、皆、天地に住し、皆、天地に食す。誰をか貴とし、誰をか賎とせん」と。

また、荻生徂徠に学び、荒川や酒匂川の治水で知られる江戸時代中期の農政家、田中丘隅《きゅうぐう》（一六六三〜一七二九）は、徳川吉宗に献策し、享保の改革にも影響を与えたと言われる『民間省要』の中で、次のように述べている。

「士農工商の名、分かれて四民となると言えど、元、天に国王と云い奉る隔《へだ》てもなくして、みな、これ（農民）より出るなり」と。

因みに、丘隅は同書において、百姓（農民）による「牛馬の如き」粒々辛苦の日々の労働と重税による民の疲弊をつぶさに語り、「上に立つ人の竊《ぬす》み」という言葉で搾取を言い当てている。また、目安箱の設置による民意の反映を訴え、徳川封建制下での実現は不可能だったとは思われるものの、「国民御慈愛の事」と題する章では、農民一五人、商人一〇人、僧侶五人、旗本・御家人五人、家臣五人、計四〇人から成る、農民・町人主体の、今で言うオンブズマン制度による国政の監視を提言しさえしている。

また、江戸八百八町の隅々にまで講が組織されていたと言われる江戸時代有数の民間信仰、富士講中興の祖で、世直しを求め富士山麓で断食、入定《にゅうじょう》した食行身禄《じきぎょうみろく》（一六七一〜一七三三）は、身分差別・女性差別をともに否定していた。

「人間、母の胎内より生ずること、貴賤共に円き露より起こり胤《たね》とす……四民の内、位官高禄を受けし人、無位無官、下つ方まで、元、一筋の菩薩（米）なり……三体具足の人間、貴賤の隔て無く、我が身より貴きもの外に無し」「人間男女の差別あり、女は罪業深くして三従ありという事、仏法にて第一に説き聞かする事なれども、女とても悪になるまじき事は、悪になるべきいわれなし。女よくつとむるは善なり。男、悪をなせば悪なり……只、邪悪を除き、内心清浄にしたらんには、男とても何《いず》れの隔てあらん」と。

また、江戸時代も中期以降になると、西洋文明との接触により、蘭学者・蘭学関係者の間には徐々にではあるが、人間平等論が唱えられ始めてくる。例えば先の西川如見は、眼前の封建的身分制度を踏まえた上で、心の平等を述べている。

「……畢竟《ひっきょう》、人間は根本の所に尊卑あるべき理なし……況《いわん》や人間本心の上において、何ぞ貴賎の差別あらん」と。

また、『解体新書』の翻訳や『蘭学事始』で知られる蘭方医・杉田玄白（一七三三〜一八一七）は、晩年になっての随筆『形影夜話』で次のように述べている。

「古も今も、何所の国にても、人間というものは、上天子より下万民に至るまで、男女の外、別種なし。然るを上下を分かち、夫々の位階を立て、又、其の人々に名を命じ、四民の名目を定めしものにて、人なることは同じ人なり」と。

杉田玄白とほぼ同時代人で、西洋自然科学の紹介者として知られる洋画家の司馬江漢（一七四七〜一八一八）は、『春波楼筆記《しゅんぱろう》』でさらに明確に人間の平等を謳い上げている。

「……上、天子・将軍より、下、士・農・工・商・非人・乞食に至るまで、皆以って人間なり……」と。

さらに幕末になると、士農工商の四民の下に置かれ、差別されることが当然視されていた被差別部落民「穢多」に対しても、同じ人間であるとの認識が示されるようになる。金沢・前田藩の儒者で尊王論者の千秋藤篤《せんしゅうふじあつ》（一八一五〜六四）は、「穢多を治むる議」の中で、次のように言っている。

「夫《そ》れ、天地の物を生ずるや、人に非らずんば、則ち獣、則ち禽《とり》、則ち草木、則ち土石、安《いずく》んぞ、人体にして獣性なる者あらんや」と。

不平等社会、「格差」社会としての現代ニッポン

明治維新で士農工商の身分制度が廃止され、建前上、四民平等になったとはいえ、実際には、農・工・商（庶人）が「平民」として一括されたに過ぎず、士はあいかわらず「士族」として、戸籍上も「平民」とは一段上に区別されていた。また「解放令」によって被差別部落住民が「新平民」になったとはいえ、身分制社会、格差社会が一挙に無くなったわけではない。

一君万民のスローガンの下、維新政府が建設に乗り出した近代国家「大日本帝国」は、徳川封建制下の身分制を絶対主義天皇制に向けて再編成したに過ぎず、皇族、公家、元藩主に、明治国家に勲功のあった者を新たに加えて「華族」制度を創出して実質的に貴族制度を温存し、一九四五年の敗戦に至るまで一部の人々に特権的な地位を与え続けたのである。今に残る「官尊民卑」は、明治維新以来の「華族」「士族」の身分制度が戦後の民主化をくぐり抜け、形を変えて根強く生き続けているものと言えよう。

そうした中、自由民権運動の成果として一八九〇（明治二三）年には国会（帝国議会）が開設されたとはいえ、華族を中心とした貴族院に対して民意を反映するはずの衆議院も、選挙権・被選挙権とも地主を中心とした高額納税者の男子に限られていた。その後、大正デモクラシーの高揚の中で、一九二五（大正一四）年に普通選挙法が実現したとはいえ、普通選挙権は

男子に限られ、依然として女子は選挙から締め出されたままであった。何と、婦人参政権が認められたのは、ようやく戦後の一九四五（昭和二〇）年のこと、GHQによる戦後改革――上からの民主化まで待たなければならなかったのである。

寺子屋の学習で、子どもたちが「平等」が当たり前と受け止めている現在の日本社会は、実はこうした長い間の人々の苦闘の末にもたらされたものであり、述べたように、男女共同参画社会が声高に叫ばれている現在は、男女の不平等が存在するという現実の裏返しにすぎまい。

選挙権に限って見ただけでも、納税義務だけは強制されながら、依然として選挙権という権利を奪われている在日韓国・朝鮮人をはじめとした在日外国人の問題があり、狭山差別裁判をはじめとして、結婚差別・就職差別、差別落書きなど、被差別部落民への各種差別が今でも続いていることは、言うまでもないだろう。

そればかりか、近代国家日本によって併呑《へいどん》された国内植民地、北海道・沖縄について言えば、北海道開発局・沖縄振興局という名の部局が今でも行政府に特設されているということでも明らかなように、先住権・自治権の否定＝アイヌ民族差別、米軍基地の押し付け＝沖縄差別と、形は違っていても、国家の名による不平等＝差別構造が未だに払拭されることなく、厳然として存在し続けている。

そして、こうした身分制度は社会構造の問題としてだけではなく、人々の意識の上でもなかなか克服されないまま、現在に至っている。たとえば、そうしたものの一つというよりも、そうしたものの象徴としての叙勲制度がある。叙勲制度が天皇制と深く結びついたものとしてあるだけではなく、国家によって人間に等級をつけるものとして、根強い反対論がある一方で、本来、平等を目指すはずのマルクス主義、社会主義を対象とする研究者に対しても授与されることがあり、筆者も先年、あるマルクス主義経済学者を偲ぶ会に出席、年譜の中に叙勲のことが記されていて愕然としたことがある。

人類史の壮大な実験としての二〇世紀社会主義、その先駆けとしてのロシア革命、後続としての中国革命を領導したのは、まぎれもなくマルクス主義であったはずである。いずれもが現在では一敗地にまみれたとは言え、平等を目指すその精神は今でも生きているはずである。しかし、マルクス主義経済学を信奉する学者の心をも浸潤していた叙勲制度の存在は、逆に身分制度が人々の意識のうちに今でも生きていることを皮肉にも立証してしまったかのようである。

同様に、孔子を祖とする儒教の経典『論語』が、あたかも超階級的な人生の修養書・教訓書として今でも売れ続けているということは、人々がおそらくは無意識のうちに、身分制度＝支配・被支配の関係を受け入れてしまっている、支配・被支配という関係性・関係意識を克服できていないことを示していよう。儒教は、寺子屋で教えられていた封建道徳といった過去の問題ではないのである。

何故ならば儒教とはそもそも、津田左右吉が『文学に現われたる国民思想の研究』で、「儒教の政治思想は君主を本位としたものであり、君主が民を治める道をいふのがその根本であって、その道は一言で要約すれば、仁政を行ふことである」と指摘しているように、古代中国の封建社会を背景に生まれた、武断政治に対する文治政治を推奨する士大夫――貴族階級のための学問、修養論・教訓であり、支配のためのイデオロギーである。支配・被支配、管理・被管理という縦の系列により下々に服従を強い、いかに巧みに下々を支配し管理するかを述べたもので、現在でも、企業経営者・管理者によって企業運営・人事管理の指導書として読み継がれているのはそのためである。

先に見た、雨森芳洲の言う「士以上は心を労し、農以下は力を労す。心を労する者は上に在り、力を労する者は下に在り」の典拠ともなった、孟子の「心を労する者は人を治め、力を労する者は人に治めらる。人に治めらるる者は人を食《やしな》い、人を治める者は人に食わる。これ天下の通義なり」(『孟子』滕文公章句・上四)という肉体労働に対する精神労働の優位、管理者の被管理者に対する優位の論理は、ブルーカラーに対するホワイトカラー、現場労働者に対する本工労働者から始まって、派遣労働者・季節労働者に対する常用労働者……というように、幾層にも重なった学歴格差・雇用格差・賃金格差・経済格差・都市と農村の格差という「格差」社会ニッポンを支え、合理化する「見えざる」身分制度の論理として今に生きているのである。

安藤昌益の平等論

では、古代中国封建社会に淵源を持つ「大が小を食らう」封建的身分制社会、格差社会を

「直耕の衆人」と「不耕貪食の徒」との対立と見、「不耕貪食の徒」の存在こそが、「直耕の衆人」の困窮の原因であると喝破した安藤昌益は、人間存在をどのように考え、どのようにして危機を、社会の矛盾を克服しようとしたのであろうか。

昌益は人類の発展史―環境への働きかけと知的な発展史を『統道真伝』「人倫巻」で五行論に基づいてまったく独自に展開し、また稿本『自然真営道』第九「私法神書巻」では『古事記』『日本書紀』における国生み神話を「神世は人の世」とする観点から、民衆の営々たる村落共同体の形成史と読み替えてしまったことは、本書108~110ページで見てきたとおりである。

こうした共同体は、古代においては日本のみならず全世界に存在していたとして、『統道真伝』「万国巻」の「北狄国《ほくてき》」の項では、次のように述べている。「万国の人、凡《すべ》て天地と与《とも》に直耕して安食・安衣して、生死は天地と与にして……亢知にして道を盗める者（不耕貪食の者）、有ることを知らず」と。

にもかかわらず、漢土（中国）において封建的身分制国家が出現し、自らを「中華」と美称し、四方を東夷《とうい》・南蛮《なんばん》・西戎《せいじゅう》・北狄（夷も蛮も戎も狄も未開人、野蛮人の意）と蔑称し支配・抑圧したため、国内外で反乱が相次ぎ、乱が乱を呼ぶ乱世になってしまったのだと、昌益は口を極めて批判する。

そして「亡命をも省みず」、生命を賭して『自然真営道』の書を綴り、平和で平等な社会「自然活真の世」を招来するよう後世の私たちに託し、過渡期綱領「契《かな》う論」を遺して、宝暦一二年一〇月一四日、齢六十にして逝ったのである。

では、平和で平等な社会を希求した安藤昌益の平等論とは、どのようなものだったのか。

荻生徂徠をして「妾というもの、無くてかなわざるもの」と言わしめ、貝原益軒をして離婚理由の一つに挙げさしめた「子なき女は去るべし。是れ、妻《めと》を娶るは子孫相続の為なればなり」という「女性は子どもを産む機械」とする見方、「石女《うまずめ》」という言葉の存在が象徴しているように、不妊の原因を専ら女性に負わせる当時のものの見かたを、昌益は医師の立場からハッキリと批判する。不妊の原因は女性の側にある場合も、男性の側にある場合もあるとして、「不産女《うまずめ》（石女）」に対して「不産男《うまずお》」という語を創造・対置して。

そして「男の性は女、女の性は男」「男を去りて女無く、女を去りて男無く」「男女にして一人、上無く下無く、統《す》べて互性にして二別無し」という男女平等論から、晩年にはさらに進んで「男女を以て人と為す。一人を以て人と為《す》る則は失《あや》まりなり、男女を以て人と為る則は可なり」として、「男女」と書いて「ひと」と読ませる男女一体論に至る。

それと同時に、平等論がともすれば陥りがちな画一論を批判して、万人の平等と共に万人の個性・多様性を讃える豊かな人間論が高らかに謳われる。

「万々人は全く一轂・精神の凝見にして、面貌全く同一ならず……万々人が一人にして全く同じき則《とき》は、一人が万々人となり通用すること能《あた》わず。故に、一人が万々人・万々面・万々形・万々心となるは、是れ妙用を尽さんが為……故に、人の面・人の心の我が面・我が心に同じからざるを醜しとして悪《にく》むべからず、（同じきを）美なりとして泥《なず》むべからず、同じからざるが故に吾れ有り……若《も》し不同を嫌い全同を好み、全同を知らず不同を好む則は、真に非ず。皆、失りなり」（『統道真伝』「禽獣巻」）と。

　そして昌益の平等論が、蘭学者をはじめとする同時代の凡百の平等論と一線を画するのは、同時代の平等論のすべてが、百姓・町人も武士と同じ人間だ、という平等・同等への希求――百姓・町人の武士並みへの引き上げであるのに対して、昌益のそれは、百姓こそが真人間だ、百姓こそがこの世の主人公だ、という働く者＝生産者による人間宣言・解放宣言であり、封建的身分秩序・封建的価値観を一八〇度転倒させたところにこそある。

　それは昌益没後九〇年、明治維新を一五年後に控えた嘉永六（一八五三）年のこと、南部三《さん》閉《へ》伊《い》一揆の際の記録『遠野唐丹《とおのとうに》寝物語』に記された農民の台詞とそのまま重なり合う。一揆の取り締りに当たった武士が「百姓として上を恐れざる過言、不届き者」と脅しつけ、行く手を阻もうとしたのに対して、農民からは農民こそがこの社会の礎・主人公であるとの自負に裏づけられた、不敵とも言える次のような台詞が書き遺されている。

「汝等《なんじら》百姓抔《など》と軽しめるは心得違いなり……天下諸民、皆百姓なり。其の命を養う故に、農民ばかりを百姓と云うなり。汝等も百姓に養わるなり。此の道理を知らずして、百姓抔と罵《ののし》るは不届き者なり。其処をのけて通せ」と。

2　江戸期の「障害」（者）観と安藤昌益

はじめに

二〇一二年は安藤昌益没後二五〇年、発見者・狩野亨吉没後七〇年ということで、様々な出会いのあった豊かな年であった。最大のイベントは、昌益ゆかりの地の一つ足立区千住で行なわれた講演会「三・一一以後の現在《いま》　安藤昌益の思想を考える集い」で、佐藤栄佐久《えいさく》さんや田中優子さんをはじめ外岡《そとおか》秀俊さん、色平《いろひら》哲郎さん、竹下和男さんの五人の講師の方々が「直耕」を軸に昌益思想の可能性を多角的に論じてくださったものである。

出版について言えば、筆者自身が携わった『いのちの思想家　安藤昌益――人と思想と、秋田の風土』（自然食通信社）、論集『現代《いま》に生きる安藤昌益』（御茶の水書房）があり、一一月には〝安藤昌益没後二五〇年記念出版〟と銘打った平山令二さんの『伝安藤昌益「西洋真営道」』（鷗出版）という異色の出版もあった。

オビには「二五〇年後の今よみがえる東北の巨人思想家、安藤昌益　カント、ゲーテ、ヴォルテール、ルイ一六世らとの対話から明らかになる農業と生命に対する讃歌の思想」とあり、大陸に渡ってジンギスカンになったとされる源義経伝説よろしく、幕府や藩の弾圧を逃れ「西洋」に渡った安藤昌益が、西洋哲学史を代表する思想家や著名人との対話を通して昌益思想の真髄＝生命の讃歌を『西洋真営道』に綴っていたという顛末を小説仕立てにしたもので、行動を共にした弟子の一人が書き残した随行記を平山氏がドイツのＷ大学図書館から発見し現代語訳したという仕掛けになっている。

なお、同書の出版に合せて八戸では一〇月一二日、〝安藤昌益資料館開館四周年記念〟と銘打って平山令二氏の講演「安藤昌益と生命の思想」を基に「安藤昌益の小説とその魅力」と題するシンポジウムが開催された。

ところで小説仕立てということで言えばたまたまではあるが、たしか早稲田の古書店で古川統一著『累代の人々――盲聾教育の祖 古河太四郎亮泰《すけやす》の系譜』（九九年、鳥影社）と題する小説仕立ての歴史読み物に出会ったのも思わぬ収穫であった。何故ならば、古河太四郎（一八四五～一九〇七）については以前から関心を抱いており、岡本稲丸著『近代盲聾教育の成立と発展――古河太四郎の生涯から』（九七年、ＮＨＫ出版）という詳細かつ浩瀚な書籍を既に入手していたものの、こうした類書があるとは思ってもみなかったからである。同書のオビには「共生思想の先駆者とその祖先――激動の明治維新を舞台に、日本で初めて本格的な盲聾教育に取り組んだ古河太四郎と、彼の志をはぐくんだ祖先の波乱の物語。興味つきない壮大な歴史絵巻」「障害者教育に命を燃やし、駆け抜けた生涯」とあり、著者の古川統一氏は旧名を太四郎と言って古河（古川とも）太四郎の縁戚筋に当たり、池袋のサンシャインビルの設立者とのことで、太四郎を中心とした古河家の「累代の」ご先祖たちの系譜と活動を記録に残し、顕彰を目指したもののようである。

ところが、目次に目を通してびっくりしてしまった。何と「第三章　安藤昌益」とあるではないか。これまでも古書を漁る中で、思わぬ人が思わぬ場面で安藤昌益に言及しているのに出くわしたことが再々ならずあり、必ずしも意外なことではなかったが、章をあげて「安藤昌益」を取り上げるなどということはそうそうあるものではない。「嘘だろ、いったいどういうことだ」というのが、率直な感想であった。だが本文に当たると「既に昌益は三十年も前に亡くなって」と直接的な師承関係は否定した上で、太四郎の祖父・太兵衛が昌益の門人グループ「転真敬会《てんしんけいかい》」に入門、『自然真営道』の教えが父・直次郎へと継承され、太四郎が徒手空拳で実験的に始めた聾唖教育は「西洋近代文明の直輸入の維新後の文明開化の中にあって、デカルトの死んだ自然観にない躍動感がある。それはディドロの大いなる連鎖への直感、安藤昌益の有機的相互関係のなす自己運動にも似」たものとしてあり、太四郎が日本で最初の盲聾教育に邁進したのは「全て生きとし生きるものは同等である。その天を含めた自然の自己運動の連鎖によって、宇宙もまた生きているものなら、自然を勝手に切り取り支配してはならないことは当然である」という「命の謳歌」に開眼したからである、という。

私はこれまで稿本『自然真営道』巻二五の世直し論＝「契ふ論」に見られる「盲人は時の不

幸、時の一族、之れを養ふて穀粒を引かしめよ」という一節を引いて、その醒めた「障害」（者）観、インクルーシブな社会観を積極的に評価してきた経緯にあったことから、小説仕立てとはいえ、古川統一氏の昌益思想の受け止め方に大いに共感した次第である。

そのため本稿では、昌益の生きた江戸期およびその前後——近世から近代への移行期——における「障害」（者）観と安藤昌益の共生思想について、改めて考えてみたい。

江戸期の「障害」（者）観

私は二〇一四年一月、友人の主宰するある雑誌に「障害者差別解消法と安藤昌益」と題する小論を寄せ、つい最近のこと、身近で起こった「全盲」の子猫との出会いのエピソードを交えつつ、「この子猫に限らず人間も、障害を持った子供ができるのは、生物存在である以上、ある一定の比率で避けられないことで、昌益一門が自らの世直し論の中で、『盲人は時の不幸』と断じたことの意味は重い。障害者を『親の因果が子に報い』と、偏見に満ちた悪因悪果の宿命論で差別視することを当然としていた時代に、障害は『時の不幸』＝偶然性の問題であり、そうした偶然性を引き受けてしまったことが『不幸』であると、喝破していたからである（もちろん、障害を『不幸』ではなく『個性』とする現代的な障害者観の水準にないことは、時代的な制約からいって当然のことではあるが）」と書いたが、まずはここで「親の因果が子に報い」という決まり文句について考えてみたい。

「可哀そうなのはこの子でござい。親の因果が子に報い」というフレーズが現在でも決まり文句として流通しているとはさすがに思われないが、少なくとも私の子供時代（昭和二〇～三〇年代前半）には社会の一部とは言えまだまだ使われていたことは、この句が読書によって得た知識ではなく、この耳で直に聞いた知識として今でも私の耳の奥底に生々しく響いていることからしても明らかであろう。もっとも、それが祭りの際の見世物小屋の口上だったか、そうしたことを伝えるラジオ放送によるものだったかは今になっては審らかではないが。

では、こうした悪因悪果―因果応報による差別観は、どのようなものとして人々の間に共有化されてきたのであろうか。例えば、昌益の誕生に先立つこと約一〇年、元禄八（一六九五）年に大坂は竹本座で演じられた浄瑠璃『釈迦如来誕生会《え》』の台本を見てみよう。同作品は近松門左衛門の手になるもので、釈迦の伝記にさまざまな仏教説話を加えて脚色したもののことで、その第三段には次のようなくだりがある。多少長くなるが引いてみたい（以下、古典文献からの引用はいずれも読みやすさを考慮して、送り仮名や句読点に若干の変更を加え、また適宜ルビを振って補った）。

「某《それがし》は林丹子《りんたんし》と申す代々の猟師。多くの鳥類畜類を殺し世を営みし報ひにや。夫婦の中に子は育たず、歎きながらも殺生は渡世。十九年以前卯月上旬、摩伽陀国雞足山《まかだこくけいそくさん》に巣《すご》もる鷲、十才計《ばかり》の子を攫《つか》み既に引き裂きぶく（服）せんとせし所を、大雁股《おおかりまた》にて射て落とし、子は安穏に抱《いだ》きとめて十九年育てしが、則《すなわ》ち此の愚鈍者。

父を問へ共《ども》覚へねば、国里は勿論、我が名をも覚へず、腰に付けたる木札に般特《はんどく》と有りし故、今に其《そ》の名を用ひてはんどくと呼び候《そうろう》。当座は驚におびへての物忘れかと薬など与《あた》へしに、驚のことも覚へず。次第次第に愚痴愚蒙、耳有りて聞く斗《ばかり》、目は明きて見る斗、魂はつんぼうめくら。持《たも》ちて益なき子なれども、過去生々の因縁か……」とある。

また、第四段にはこうもある。

「後生《ごしょう》は死んで後の事、此《こ》の世で又、檀那《だんな》の様な長者も有り、こちらが様な者も有り、まだ是《こ》れよりも下も有る。同じ人間に色々の次第の有るは又どうじゃ。

ハテ、知れた事。皆、先生《さきしょう》の報《むく》ひ。先の世で慈悲深う出家沙門《しゃもん》を供養し人を哀れみ施した者が長者に生れる。慈悲を知らぬ剣呑者《けんどんもの》が此の世へ生れて貧乏する。盗みした者は手な（無）い坊に生れてくる。先生で虚言《うそ》をつけばおじころ（唖五郎）に生れる。火に入り水に沈むも、皆、先の世の報ひじゃと云へば、皆々恐ろしがり、扠《さて》も扠もこはい（恐い）事、其方《そなた》はいかい物知りじゃ……是れ、ゐ口（兎唇）はの、不だしなみな口中《こうちゅう》で女子《おなご》の口吸うた報ひじゃ。イヤ是れは尤《もっと》も……聾《つんぼう》も盗みした報ひじゃ……是れ、先の世で金を盗んだに依って、其の金気《かなけ》が残ってかな（金）聾《つんぼう》に成るは（わ）いの……」

つまり、猟師の殺生の報いとして育てた子が「愚痴愚蒙」になり、前世の盗みや虚言、ふしだらな行ないの報いとして「手無い坊」や「唖五郎《おしごろう》」「兎唇《みつくち》」「全聾」といった心身障害者になるというのである。

こうした仏教説話が具体的にどのような仏典に基づいているかについてはあいにく詳らかで

はないが、例えば『妙法蓮華経』（法華経）巻第八の「普賢菩薩勧発品《ふげんぼさつかんぱつぼん》」第二八には以下のようなくだりがある。

「若《も》し人有りて、之《これ》（仏僧）を軽しめ毀《そし》りて『汝《なんじ》は狂人なるのみ、空《むな》しくこの行《ぎょう》を作《な》して終《つい》に獲《え》る所無からん』と言わば、かくの如き罪の報いは当《まさ》に世世に眼《まなこ》無かるべし。若し之を供養し讃歎する者有らば、当に今世に於いて現《まのあたり》の果報を得べし。

若し復《また》、是《こ》の経典を受持する者を見て其の過悪《あやまち》を出《いだ》さば、若しくは実にもあれ不実にもあれ、此の人は現世に白癩《びゃくらい》の病を得ん。若し之を軽笑せば、当に世世に牙歯は疎《す》き欠け、醜き唇、平《ひら》める鼻ありて、手脚は繚《もつ》れ戻《まが》り、眼目は角睞《すがすが》み、身体は臭く穢《けが》れ、悪しき瘡《かさ》の膿《うみ》血あり。水腹・短気、諸《もろもろ》の悪しき重病あるべし……」

要するに、僧侶を敬い仏教に帰依すれば極楽往生できるが、仏の教えをないがしろにするような不届き者は死後、地獄に落ちるまでもなく、この世で盲目や斜視、肢体不自由になったり、癩（ハンセン病）や疱瘡《ほうそう》、喘息《ぜんそく》（あるいは結核か）を患《わずら》ったりするぞ、というのである。何ともすさまじい教え＝恫喝ではないか。

もっとも仏教の歴史の中には、鎌倉新仏教の勃興の中で、真言律宗の開祖・叡尊《えいそん》（一二〇一～九〇）や忍性《にんしょう》（一二一七～一三〇三）師弟のように、救癩事業や貧民救済事業に当たった者もあり、すべてが因果応報の差別観で塗りつぶされていたわけでないことは勿論だが、先の近松の浄瑠璃本にもあったように、仏教の因果応報説が庶民の差別意識を大きく支配していたこともまた、事実であろう。

そして昌益没後六〇年ほど、文政期（一八〇三〜一八年）の武陽山人《ぶようさんじん》の手になる『風俗見聞録《けんもんろく》』には、差別意識の増幅によって障害者の内心にまで差別観＝偏見・蔑視が持ち込まれた記述が残されている。

「扨《さて》、瞽者《こしゃ》（盲人）の人情を試みるに、何《いず》れも肝気強く我侭《わがまま》強く、殊に残忍なり。只、人を欺《あざむ》き貪るの情一図《いちず》にして、少しも人の為に預かり聞く情なし……平人にも右体《みぎてい》残忍の情強き者、必ず中年にして目しゆるなり。是れを以て見れば、人情馳《はせ》限りて天罪冥罰の至極せしものと見ゆ……右体、禽獣魚鼈《きんじゅうぎょべつ》にも劣りて日月を拝する事の成らぬ者が、天子へ拝謁し天盃を戴き、又人情馳限りて天罪冥罰の至極せし離支《かたわ》が、公儀へ御目見《おめみえ》いたし拝領ものを致す事、奇怪の事《こと》共《ども》なり。少しも国家の役には立つべき事なく、人のためには成る事なく、誠に世の費入《ついえ》、厄介《やっかい》成る者なり……」

ここには、中世〜近世を通して瞽者（視覚障害者）が、「平家物語」の弾き語り（琵琶法師）やその延長線上での三味線・箏《こと》の演奏や作曲、杉山和一《わいち》による日本式管鍼術の発明をはじめとした三療（鍼・灸・按摩）を糧に、自らの生存を賭して闘い取ったギルド＝当道座への歴史的無知＝無視と、その頂点に立つ検校《けんぎょう》がお上の拝謁、御目見を許されたことへの羨望と嫉妬がむき出しに吐露されていて、歴史を無視した偏見・差別の凄まじさとその醜悪さが見て取れる。

障害児・者のおかれた境涯

こうした近世の精神風土の中におかれた障害児・者の境涯は当然のように苛酷なものであった。例えば、

「盲唖聾跛躄《ちんばいざり》断者《(かたわ?)》の類をして捨つべからず養ふべしとなり」（元禄二、三年、若林宗氏・利朝著『若林農書』）とか、「備後神石《じんせき》郡袖辺《(そでべ?)》町油屋久兵衛といふ人の妻、四子を産めり。三子は男、一子は女なり。四人目に産れしは髪黒く生え歯悉《ことごと》く生じ頭に角二本有りしかば、恐ろしくて捨てやりしに少しも泣く事なかりし」（嘉永三年、西沢一鳳著『皇都午睡《こうとごすい》』）といった記述からは、障害児が親から見捨てられ捨て子＝育児放棄に遭っていた現実が少なからずあったことが窺えよう。そればかりではない。

「延宝六年に泉州夷島《えびすじま》に面三つ手足六つある赤子捨て置きたりしを、大坂道頓堀観場師《みせばし》、諸人に見せ侍《は》べりし。かかる異形の者、いにしへ《(古え)》も折には有りしとかや。今年まで百七十三年になる道頓堀の見せ物は古き物にあらずや」（『皇都午睡』）といった形で、産みの親から遺棄されたばかりか、観場師という存在を介して商売繁盛のため、盛り場で見せ物・晒し者にさえなっていたのである。

そして、「異形の者」（奇形）ばかりか、「異形」ならざる者（機能障害、視覚障害者）までもが晒し者にされ、慰み物として嘲笑の対象になっていたのである。

「当夏、坂町裏ニ而《（にて）》晴天十五日の間、諸国より盲人幷《（ならびに）》ニ女をあつめ、相撲取り合せ幷《（ならびに）》土俵入りの体をなす」（浜松歌国著『摂陽奇観』巻之三十三、明和六年の部）「同年、難波新地、曲馬の前にて諸方より盲人数多《あまた》寄り合せおどけ低《（体?）》幷軽業《かるわざ》興業、是も大繁盛す」（同）とある。

　こうした点を踏まえるならば、間引き・子返し＝嬰児殺しについても、従来言われてきたような、農村における貧困との関係——食い扶持の削減、確保という文脈に加えて、障害児殺しの文脈で捉え直すことも必要かと思われるが、間引き・子返し自体が基本的に非公然の行為であり、文献に残りにくかった事情に鑑みれば、文献的な裏付けを要する調査・研究は難しいことなのかもしれない。

　なお、当事者の記録ではないが、加藤康昭著『日本盲人社会史研究』（七四年、未来社）によれば、文化八～一〇（一八一一～一三）年、松前に幽閉されていたロシアの艦長ゴロヴニンの『日本幽囚記』にこの点が残されているので、参考資料として引いておきたい。

「日本のこの人口過剰のため、貧乏な親たちは、自分の子が身体薄弱とか畸形《きけい》の兆候があると、赤坊のうちによく殺すので、ある法律にはさうした殺人を厳禁してゐるが、政府は大して人間を必要としていないので、余り捜査に身を入れない。従って嬰児は、むしろ政治的な理由によって死んでいくのである。かくてこの種の犯罪は大したもつれもなく、親たちはいつも罪を免れてゐるのである」

　ちなみに、嬰児殺しではないが、障害児が障害の故に足手まといになったため、また将来を案じた親に殺されるという痛ましい事件、盲児殺しが、同書には四件ほど報告されているので、そのうち二件を引いてみよう。

「元禄九（一六九六）年十一月十三日、四谷伊賀町久兵衛店《だな》勘八は、九歳になる盲目のさよを本所の割下水に棄て、自分も川へ身を投げようとして果たさず、さよは救われたが、勘八は未決中に病死」

「寛文九（一七九七）年三月、御目附《おめつけ》支配無役森本吉左衛門は八年前、小太郎を金子《きんす》三両添えて貰い受け養育していたが、実子が出生したため『厄介多《おおく》ニ相成り、身上取り続き難《がた》』く、その上小太郎は『盲目之《の》上、手足も不叶《かなわず》、食事ハ勿論両便等迄《まで》人手ニ懸』り『何歟《なにか》ニ付け、此のもの身之《の》取り廻し邪魔ニ相成』り、ついに妻へ申し含めて小太郎の着物の裾をこたつの中に入れておかせ、火が移って小太郎の両足ともにやけただれ、翌日、相果てた。吉左衛門は『非常之《の》いたし方ニ而《にて》、別而《わけて》、不届《ふとどき》ニ付《つき》』死罪」

障害者が差別の対象となり、命までもが奪われるというのは、何も子供だけではない。晒し者にされ嘲弄の対象とされた障害者は、殺意の対象にもなっていたのである。狩野亨吉が『自然真営道』と共に、自分の目が黒いうちは絶対に手放さないと言っていたという貴重本、藤岡屋須藤由蔵編『藤岡屋日記』文化三（一八〇六）年の部には、江戸下町で起こった連続殺人事件の記録が残されている。

「寅《とら》二月中頃より承り候得《そうらえ》ば、夜に槍にていざり共《ども》を突き殺し候《そうろう》より、専之《もっぱらの》風聞にて、浅草西福寺の脇に年久敷《としひさしく》住居致し候いざりなど、一番に突き殺され、其の外所々と申す内、下谷《したや》より浅草辺、夥敷《おびただしく》、其の後は平人も突かれ候よし……所々にて突かれたるもの数多《あまた》ありけるが、大方《おおかた》盲人居《い》ざり抔《など》、下々なるものばかりにて、よき人の突かれたる事なし」

そして、後に逮捕された犯人の広右衛門は殺人の動機を、武家奉公の際に習い覚えた槍を使って「生きたる人を突き見申し度《た》く」と述べていた、と言う。試し斬りならぬ試し槍の餌食にされたのは、「よき人」ではなく「いざり」「盲人」といった「下々」（障害者・被差別者）であり、あきらかに「無差別」連続殺人事件などではなく、きわめて確信犯的「差別的」な連続殺人事件だったわけである。

こうした現実に、お上＝為政者が全く無策であったわけではない。「法律にはさうした殺人を厳禁してゐる」というゴロヴニンの記述を待つまでもなく、「鰥寡《かんか》孤独（男やもめ・女やもめ・孤児・独居老人）」への憐憫・救恤《きゅうじゅつ》（救済）は律令の昔からあり、「仁恵」「仁政」を建前とする封建領主は、身分制を前提としつつ、また食い詰めた障害者の流民化・遊民化を防止するという社会防衛的な限界はありつつも、障害者・困窮者への同情・対策を法令に具体的に書き込み、民衆に相互扶助や憐憫を命じたり、時には奨励もしていたのである。

例えば徳川幕府の基本法典である「徳川成憲百箇条」にはこうある。「四民の外、穢多・哺《ほい》啜《とう》（乞食）・瞽男・盲女・無告の族《やから》、古来之《これ》を憐み与《とも》に活《いき》るは、是れ仁政の始め成ると知るべき事」と。

また、例えば津山藩の「郷中御条目」には「鰥寡孤独幷《ならびに》病気・片輪《かたわ》者之《の》類者《は》申《もうす》に及ハす《（ず）》、村中もの、愛憐を加ふべき事」とある。

そして、幕府や藩は慶弔事のたびに盲人などに施しを与えていた。

例えば、徳川家綱の年代記『厳有院殿御実紀《げんゆういんどのごじつき》』巻十八には、万治二（一六九五）年九月十四日の条に、「こたび《（此度）》の慶事により、瞽師岩船検校城泉に銀十枚下され、瞽者に青蚨《せいふ》（銭）五百貫文、盲女に三百貫文施行《せぎょう》せらる」とあり、金沢藩の享保九（一七二四）年八月二一日の記録には、「御入国御祝儀の為、座頭・盲女江《（へ）》青銅二十五文下され」とある。

安藤昌益の「障害」（者）観

さて、安藤昌益の「障害」（者）観であるが、遺稿全集とも言える稿本『自然真営道』全一〇〇巻の九割が関東大震災で焼失し、残されたわずかな稿本・写本に拠るしかなく、はなはだ不十分なものとならざるを得ないが、とりあえず原典に当たりながらスケッチしてみたい。

昌益の「障害」（者）観の要諦は、「契ふ論」の「盲人は時の不幸、時の一族、之れを養ふて穀粒を引かしめよ」という一節に集約されていると思われ、また拙著『安藤昌益の世界』（〇七年、草思社）でも第四章「安藤昌益の医学と医論」の中で「身体の障害は病」と題して多少の紹介をしているが、以下、気がついた範囲でまとめてみたい。

五行論段階（中期）のものとしては写本『統道真伝』「人倫巻」の「生得《うみつき》の病論」「生得の品

病」と題された、先天性の「病」論＝「障害」論がある。また四行論段階（晩期）では『統道真伝』と照応するような形で、稿本『自然真営道』巻三十七「人相視表知裏通察巻」三に「損胎不治の病論　小児の人相（＝身体つき）」がある。拙著では「いずれの場合も……未整理といった感はぬぐえない」と指摘しておいたが、若干の補足をしておきたい。

一つは、五行論段階で「先天性障害」とされていた「左力（左利き）」「双子」「双陰《ふたなり》（半陰陽）」「変生《へんせい》」「六指《むつゆび》」が、四行論段階では姿を消していることである。

「左力」については元々「細工に名誉なるものあり」と否定的な評価をしていなかったこと、「双陰」についても元々「是れ、俗の思ひ失《あやま》り（勘違い）」であるとして批判していたもので、「胎中に於いて男子をして女子と為らしめ、女子をして男子と為らしむる」「変生」については、元々「売僧《まいす》・巫の族《やから》、世俗を誑《たぶら》かし貪り食《くら》はんが為の妄偽・戯言」であるとして批判していたもので、「生得の病論」として記述すべきものではなかったこととして省かれたものであろう。

なお、「双子」については、今野信雄が『江戸子育て事情』（八八年、築地書館）で昌益の双子論、特に「是れ、多くは婬女に有り……（母の）精厚き生得も偏病の部なり」というくだりを取り上げ、「少々無知な論理といわざるをえない」と批判していたように、臨床経験を積む中で「無知な論理」が払拭されたものと思われる。また「六指」については、「右の外に損胎の異相多し」という「損胎」論の締め括りの言葉に吸収されたものかもしれない。

もう一つは、四行論段階では「両脚、内に枉《まが》る者」「両手、身に反して細き者」「両足、身に反して長き者」……と、肢体不自由を窺わせる表記が見られるが、詳らかではない。

なお、同じく四行論段階のもので、関東大震災で焼失してしまった『自然真営道』本書分の写本と目される川村真斎の『真斎謾筆』「天の巻」「小児門」には、「語ること遅き者」「遅聴」「視ること遅き者」「小児、三歳にして言語訥《ども》りて聴《きこ》へ難《がた》き者」といった形で、発達遅滞・発達障害を示唆する記述があり、また「白子《しらこ》」（先天性白皮症、アルビノ）が「是れ、胎病なるに因《よ》りて、治を施す所なき也」（「天の巻」四「頭面門」）として採り上げられている。

いずれにしても昌益の場合は、在世時が一八世紀前半～中葉という時代的な制約の結果、当然のこととして解剖学的な知識はなく、また、遺伝学や細菌学といった西洋近代医学・生物学の蓄積といったものとも接点がなかったため、病因は「風・寒・蒸・湿……」といった外部の気候条件・気象条件、及び「甘・辛・苦・鹹……」といった摂取した食物による内臓の損傷といった、呼吸や飲食に規定されたものであり、体型や体質を先天的に規定するのは、母胎内及び出産時の状態であるとされていた。

したがって、そこからは、「胎中は慎むこと専要なり」という母体の保護が打ち出されると共に、「産人の道は、医たる者……自身、手を下して難産を救ふべき要道なり」とする産科・婦人科の重視――「真営道医学」の創出による、伝統的医学体系のコペルニクス的転回が図られたのである。

こうして、時代的な制約を受けながらも、「身体手足、形に就《つ》いての諸病は、如何なる怪に

ナワクチンが危険な理由
者の警告

荒川 央 著
1,650円（込）四六判並製
ISBN978-4-7634-2003-9
コロナワクチンは、やっぱり危険だ！
データと解析から導き出される遺伝子ワクチンが危険な理由。私たちはこれからも、このワクチンを打ち続けるのか？

子どもへのワクチン接種を考え
臨床現場でいま、何が起こっているのか

藤沢明徳・鳥集 徹 著
1,320円（込）四六判並製
ISBN978-4-7634-2011-4
十分な治験を経ておらず、将来への影響もわからない新型ワクチンを、本当に子どもにまで接種してよいのか？
立ち上がった医師たちの緊急提言！

ーバル化する
ル産業と都市
表参道の都市社会学

三田知実 著
1,870円（込）四六判並製
ISBN978-4-7634-2019-0
「神宮前」は、いかにして世界屈指のファッションストリートとなったのか？ 衣料デザイン、まちづくり、そして不動産投資——せめぎ合う「グローバル」と「ローカル」、20年の軌跡。

人をつなぐ街を創る
東京・世田谷の街づくり報告

小柴直樹 著
1,980円（込）四六判並製
ISBN978-4-7634-2015-2
街づくり先進都市・世田谷の現場で培われてきた制度、手法、そして「合意形成」のあり方
行政主導から住民参加、そして行政参加へ——街づくりの軌跡と未来へのヒントを探る。

・弁護士のしごと
ざす日々

霧山 昴 著
1,650円（込）四六判並製
ISBN978-4-7634-2014-5
「もっと早く相談すればよかった……!!」
もちこまれる数々の「難事件」を、霧山昴弁護士が解決する。知られざる弁護士の日常としごと。裁判のクライマックス・「証人尋問」のコツも伝授！

「小さな歴史」と「大きな歴史」のはざまで　**歴史についての断章**

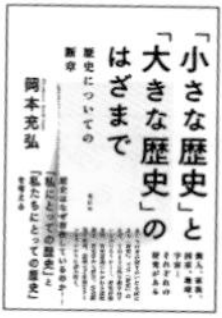

岡本充弘 著
1,650円（込）四六判並製
ISBN978-4-7634-2000-8
歴史はなぜ存在しているのか——「私にとっての歴史」と「私たちにとっての歴史」を考える。
歴史の構築性、歴史認識にかかわる諸問題を多様なテーマを手がかりに読み解く。

訳］念処経
瞑想法

宮元啓一著
1,650円（込）四六判上製
ISBN978-4-7634-2016-9
現実をありのままに見つめ、受け入れる——
マインドフルネス瞑想法の原型となったブッダの瞑想法を、現代語訳で読む！インド哲学の第一人者による、パーリ語からの全訳・解説付き。

インド哲学教室① インドの死生哲学
「死」とはなにか

宮元啓一 著
2,200円（込）四六判上製
ISBN978-4-7634-2007-7
インドの死生観と輪廻の思想
「生きること、死ぬこと」とは、いったいなにか？「死後の世界」はあるのか？「生まれ変わる」とはどういうことか？
対話形式でわかりやすいインド哲学入門シリーズ第一弾！

似たる病なりとも、悉《ことごと》く府蔵《ふぞう》気感の偏狂にして病む処也。故に奇怪に似たれども実は奇怪に非ず。凡《すべ》て奇怪なることは、古《いにしえ》より言葉にすれども、自然の道を明《あきらか》にすれば絶へてなき也」（『真斎謾筆』結語）という科学的・合理的精神に基づく昌益の「障害」論は、「親の因果が子に報い」といった差別的な宿命論――伝統的な障害児・者論とは無縁なそれであった。

　したがって、「乱神病」についても「府蔵至って偏着し、情慮・知分、横気に感ずるが故に、薬力のみを以ては治すること成り難し。故に理解を以て其の愚迷を暁《さと》らしめ、神知之《こ》れを得さしめ、慎み守らしめて、異薬を加へ之れを治す。故に此の治方は、理を明かし暁《さと》して之れを治す」（稿本『自然真営道』巻三七「人相視表知裏通察巻」三「乱神病の論」結語）という、現代の精神病治療にも通じる、合理的な対話療法・心理療法が導き出されたのである。

相互扶助の立場から

　さてここで再度、昌益の障害は「時の不幸」という規定――偶然性、確率に基づく障害の相対化――について振り返ってみよう。

　万治二（一六五九）年刊行の中川喜雲作『私可多咄《しかたばなし》』巻三には、次のような古老の話が載せられている。

「昔、へんど《（辺土）》に子をうミ《（産み）》て、是は鬼子《おにご》なり、ころさん《（殺）》といひあへる《（言い合える）》を、そのかたハら《（傍ら）》に老人ありて此のさた《（沙汰）》をきゝ《（聞き）》、鬼子とハいかやう《（如何様）》なるものぞととへ《（問えば）》ハ、歯のはへ《（生え）》て生れ出るものをいふとこたへたり。老人のいふ、はじめよりは《歯》の有るものを鬼子といはゝ《言わば》、かミ《髪》をゆふ《結う》くし《櫛》も鬼子か。それ人の歯ハ腎《じん》の有余にて、腎勢つよく生れつくものハ胎内よりは《歯》をもちて出る也。又、女子に生れ出るもの、陰穴なきものあり、おとろく《驚く》事なく、いしや《医者》にたんかふ《談合》すへし《すべし》、れうじ《療治》にて陰穴てくる《出来る》也。又、男子女子にかきらす《限らず》、七ヶ月にて生るゝ子もそたつ《育つ》也。又十五ヶ月にて生るゝ子も母共に堅固也。いつれ《いずれ》もある事なれハ《ば》、心うく《憂く》思ふまし《まじ》と、色々めつらしき《珍しき》事共いひて、かの鬼子といふをそたて《育て》させけれは《ば》、親に孝行、其の身無病、人にすくれ《優れ》、あまつさへ富貴にして百余才にて命おハり《終わり》しとなり」

ここには、昌益同様、障害を「いずれもある事」と見る醒めた認識があり、「鬼子というを育てさせければ」という行為の中には、障害児を排斥＝遺棄するのではなく、その可能性を見守り、育んでいくという、伝統的な村落共同体の中で培われた相互扶助＝共生の精神があるだろう。地に足の着いた古老の生活の知恵である。

また、古河太四郎が日本で初めて盲聾教育に携わり、京都盲唖院の設立に奮闘したのは、幕末期、尊攘運動に携わり獄に繋がれる際、聾児・盲人が差別的扱いを受けていたことを目撃したという個人的な体験がきっかけであり、障害者も同じ人間であり、その尊厳がまっとうされないとすれば、それは本人の責任＝自己責任ではなく社会の責任であるという、今では当然のこととされるものの、当時では稀有な信念＝共生の思想であった。

太四郎の回顧談を聞いてみよう。

「抑々《そもそも》現時京都府前、盲唖院ヲ創始いたしましたる次第ハ、曽《かつ》テ一新之《の》際、慷慨ノ余リ国禁ニ触レマシテ縛《ばく》ニ就キ引致セラルゝの際、路傍ニ小児打集《うちつど》ヒ唖童ヲ凌辱スルヲ見、又其《その》前夜、旅館ニ於テ盲ナル按摩ノ酒客ニ侮辱セラルゝニ感ズ」

「其後、禁固中、思惟《おもえ》ラク、盲唖モ亦《また》人ナリ。天、性命ヲ下ス。動物イヅレニヨリテモ然《しか》リ。仮令《たとえ》、不具ナリト雖《いえど》モ、天、人トシテ性命ヲ与フル限リハ、必《かならず》人ノ行ヒナクンバアラズ。行ヒ均《ひと》シク業高ケレバ、人ニ軽蔑且《かつ》凌辱セラルゝノ理《ことわり》ナシ。故ニ其人タルノ効用ナカラシメザルハ、抑々教ヘザルノ罪ニシテ、社会ノ過《あやまち》ナリト思考シ」と。

なお、古河の盲聾教育に触発されて自ら「聾唖」の児童を求めて実践に移した一人に、丹後宮津は天橋《てんきょう》義塾の教員・小笠原長道がいる。小笠原長道と言ってもほとんどの方はご存じないと思われるが、後に自由民権運動の広がりの中で百姓一揆の伝統を掘り起こしたジャーナリストの一人、『東洋民権百家伝』の著者として知られる小室信介の若き日の姿である。

ちなみに、障害児教育と自由民権運動との繋がりについて言えば、神奈川県立平塚盲学校の創立一〇〇周年記念誌『心の松とともに――松の木に見守られて』の冒頭、当時の校長・村瀬道雄氏の挨拶「百年の計」には、次のような言葉がある。

「平塚盲学校は創立以来一〇〇年を迎えました。全盲の校主秋山博が、平塚の金目《かなめ》地区に鍼学講習会を開いたのが、その元であったようです。秋山は、当時、大変有名な鍼灸師で遠く全国から患者がきたそうです……その秋山が、後輩視覚障害者の鍼灸技術の近代化を図るべく、講習会を開いたようです。この講習会は、地元の寄付と医者など講師たちの無料の奉仕で成り立っていました。勿論、授業料は無料でした。その心意気を支えるべく、金目の自由民権派宮田寅治（三代目校長）らの呼びかけで私立中郡盲人学校が創立されたのです。勿論、授業料は無料のままでした」

そして同誌では、同窓会会長・村井三義氏の「感謝と希望」でも、教員・戸田眞咲氏の「創立者秋山博と本校の誕生」でも、「わが母校は自由民権運動の実績のひとつとして誕生し、その後視覚障害者の自立と社会参加に大いなる貢献をしてきました……学校創始者（自由民権運動家）の意志を受け継ぎ、後輩の育成と社会福祉の増進ならびに平和と民主主義を守る活動を、続けて行かなければならないと決意しております」とか、「この頃（明治三〇年頃）から秋山の有力な相談相手かつ後援者となっていくのがかつての自由民権運動家で金目の村長や県会議員を務めた宮田寅治、猪俣道之輔、森こう三郎、そして後に村長として盲人学校の設立や経営にも関わる猪俣松五郎などである……初代校長にはかつての自由民権運動家で郡会議長や衆議院議員を歴任した二宮の医師、伊達時が就任」と、同校草創期の自由民権運動との繋がりが繰り返し触れられている。

安藤昌益の壮大かつ根源的な「自然真営道」の世界は、インド伝来の仏教、中国伝来の儒教を、外在的な知の体系であるとして批判し、一時は国学的・民族主義的な立場に身を置きながらも、世界史を総括する中で自民族中心主義的なナショナリズムを相対化し克服し、有史以来の「都市文明」を撃ちつつ、伝統的な村落共同体に息づく相互扶助＝「庶民の生活の知恵」に共感し学んで生み出されたものであった。

そうした昌益の「障害」（者）観は、医者としての合理的・科学的な「障害」観であると同時に、「辺土の古老」や古河太四郎、秋山博とそれを支えた民権運動活動家に代表される、人々の相互扶助による共生社会を目指す民衆の側の「障害者」観であった。

おわりに

梅根悟監修『世界教育史大系』三三『障害児教育』（七四年、講談社）の序章「心身障害者処遇の変遷―〝虐待〟から〝教育を受ける権利〟まで―」（小宮山倭《わたる》執筆）には、「障害者教育経緯の段階図式」という年表様のものが載せられ、ヨーロッパ―キリスト教世界での障害者の処遇に関する発展過程が図式的に示されている。

そこでは、古代の「追放・虐待・軽蔑」の時代から、中世の「宗教的同情・収容・保護」を経て、近世の「社会防衛的収容・保護」に至り、その中で「訓練方法・教育方法の発見」があり、そうした実績を踏まえて、現代の「基本的人権」に至ってきたという大きな歴史の流れが示されている。

と同時に、「右表各段階の特徴を示した一般者の処遇態度や思想は、時代を超えると消滅するのではなく、ずっと人間の日常行動や態度の心底に潜在しているのである」との注記があり、この問題（差別的心性）の根深さが暗示されている。

本稿を執筆しながら繰り返し思い起されたのは、バリアフリーやインクルージョン、ユニバーサルデザイン、多文化共生といったことが謳われる一方で、将来をはかなんだ親による障害児殺しや障害者を抱えた年老いた親による障害者殺し、ホームレスを狙った「浮浪者狩り」といった痛ましい事件が引きも切らず、また一国の総理大臣自らが歴史を顧みることなく偏狭なナショナリズムを煽っては隣国との摩擦をわざわざ作り出し、在日韓国・朝鮮人を狙ったヘイトスピーチが公然と登場して恥じることのない、日本社会の苛酷な現実であった。

職場での労働組合運動、地域での様々な社会運動、現在の社会福祉団体での仕事といったことの傍ら昌益研究に携わってきた身としては、歴史は、社会は、確実に進歩してきているという実感の一方で、社会の変わらなさ、人間の差別的心性の根深さもまた実感せざるを得ない。

私たちは一体いつになったら、江戸時代人・安藤昌益に追い付けるのだろうか。昌益一門が希求した「自然活真の世」を実現できるのだろうか。

最後に、本稿執筆に当たっては生瀬《なませ》克己著『「孤独」と「放置」の精神史——障害者たちの「近世」・年表編』（八三年、千書房）及び『近世日本の障害者と民衆』（八九年、三一書房）に多くを負っている。記して感謝したい。

第4章 安藤昌益の平和思想

1　安藤昌益の平和思想

9条世界会議などの盛況

五月三日の憲法記念日をはさんでいくつもの憲法集会が催されたが、九条改憲を標榜する『読売新聞』のアンケート結果でさえも九条改憲反対が六割を超えたこと（二〇〇八年四月八日付同紙）、四月一七日の名古屋高裁でのイラク派兵違憲判決が出されたことを受けて、いずれの集会でも九条を「護る」から九条を「活かす」といった、積極的な位置づけに終始していたのが印象的だった。また、五月四日、五日、「世界は9条をえらび始めた」と題して「9条世界会議」が幕張メッセで開かれた。ノーベル平和賞受賞者のマイレッド・マグワイヤさんの基調講演や、ワンガリ・マータイさんのビデオ・メッセージにも見られるように、九条を「武力によらない平和」の世界的なモデルとして位置づけ、国内のみならず世界に発信していくという積極的な姿勢に好感が持てた。

それと言うのも、私自身この間、地域でも中央でも護憲運動を推進する側の一員として様々な活動にかかわってきているが、「護憲」という言葉に象徴的なように、日本の平和運動がややもすると憲法の枠内に終始しがちなこと、九条を「護る」という消極的なスタンスに違和感を持っていたからであり、憲法九条の如何にかかわらず、「平和」運動は人類に普遍的な価値として、根源的な価値として、もっと積極的に発信していくべきであると考えてきたからである。とりわけ、ソ連邦の崩壊により冷戦が終結したにもかかわらず、９・11以降、「対テロ戦争」という名の「帝国」による無差別殺戮《りく》・大量虐殺が繰り返されるといういかがわしい時代状況の中にあっては。

実はこの間、江戸時代の思想家・安藤昌益（一七〇三―六二）の平和論・平和思想を読み返すにつけ、そうした思いにかられてきたのである。

立命館大学平和ミュージアム

そのきっかけは、二〇〇六年一〇月、立命館大学平和ミュージアムを訪れ、ノルウェーのヨハン・ガルトゥングの提唱する「平和学」を知ったことにある。

それがたまたまではあるが、京都大学に昌益医学の系譜を継ぐ医師たちに関する新資料が存在することが判明し、その確認のために休みを取って京大を訪れることになり、合間の時間を使って、念願だった平和ミュージアムの訪問を果たしたわけである。

平和ミュージアムは折からの修学旅行シーズンということもあって、小学生から高校生まで子供たちが多く詰めかけ、「十五年戦争の実態」展示コーナーでは、京都を中心として戦時下の過酷な庶民生活や戦争の悲惨さ、平和の尊さが写真パネルで展示されていた。展示は平和ミュージアムに相応しく、単に「十五年戦争」に止まらず、戦後世界、さらには現在も続く世界各地の地域「紛争」や貧困・環境破壊にまで及んでいた。

そして己の不明さを思い知らされたのが「平和を求めて」と題された平和創造室入口に記された解説文だった。「平和とは、戦争のない状態だけを言うのではありません」として、ガルトゥングによる「平和」概念の規定が次のように説明されていたのである。一般に「平和」の反対概念として言われる「戦争」は「直接的暴力」であるとされ、それ以外にも、人々の能力・可能性が十全に花開くのを妨げている飢餓や貧困・差別・環境破壊などを「構造的暴力」、文化の違いや無理解に基づく無形の抑圧や人権侵害などを「文化的暴力」と規定し、これら様々な暴力のない状態が実現されて始めて「平和」と言えるのだという。つまり、ガルトゥングによれば、「平和」とは単なる「戦争のない状態」だけを指すのではなく、飢餓や貧困、差別、環境破壊などといった、「あらゆる抑圧・人権侵害＝暴力のない状態」、いわば「社会的不公正のない状態」を言うのであった。

私が先に己の不明さと言ったのは他でもない、ガルトゥングについては何かの折に名前だけは聞き知っていたものの、その提唱するところの「平和学」がこれほど広範囲かつ体系性・説得性をもったものであることをその時までまったく知らなかったことが一つであり、それと同時に、安藤昌益が「寝食を忘れて……亡命をも省みず」（昌益の高弟・神山仙確による刊本『自然真営道』序文）苦闘の末、打ち立てた壮大な思想体系「自然真営道」とぴったり重なり合うということに、これまたまったく気付かなかったからである。「ああ、そうか。昌益が生涯を賭して説いていたこと、『自然真営道』の世界とは、ガルトゥングの説く『平和学』そのものだったのか」と合点がいき、時間が限られていたこともあって、あわてて手帳に「直接的暴力」「構造的暴力」「文化的暴力」という文字を書き付け、後ろ髪を引かれる思いで館を後にしたのだった。

ガルトゥング「平和学」との類縁性

この私の見方が昌益びいきによる一方的な思い込みでないことは、二〇〇七年一〇月一三、一四日の両日、足立区千住で開かれた「安藤昌益全国フェスティバルin千住」で「安藤昌益の平和思想」と題して特別報告をされた、香川大学名誉教授・村瀬裕也氏の指摘でも明らかであろう。氏は「はじめに」で「昌益の平和思想の際立った特徴は、そこに現代の平和学の機軸となるような根本的な観点が明確に打ち出されている点にある。その意味で、それはエラスムスの『平和の訴え』を越え、カントの『永遠平和のために』と肩を並べる平和思想の高峰であると言っても過言ではない」と昌益の平和思想を世界史上に高く位置づけ、以下、三つの柱として、「『治』『乱』と対置される『平和状態』」「平和問題と経済問題」「軍事専門領域への批判」を挙げて詳説し、まとめの「『平和』概念の確立」では、端的にこう述べている。「こうした

『平和』概念の類縁として直ちに想起されるのは現代平和学の定礎者ガルトゥングのそれである」と。

安藤昌益が「平和の使徒」であることは、昌益の発見者・狩野亨吉による「我道には争いなし、吾は兵を語らず、吾は戦わず」という台詞によって夙《つと》に明らかであるが、昌益の平和論・平和思想については、これまであまり言及されてこなかった。そこで以下、昌益の平和論・平和思想について、再検討してみたい。

安藤昌益の平和論・平和思想については、管見では戦前、北一輝の弟で自身も国家主義者であった北昤吉が『戦争の哲学』(一九四三年、大理書房)で古今東西の戦争肯定論・戦争否定論を取り上げた中で、昌益を「世界に比類なき徹底的な非戦論者」と評したものと、『日本平和論大系』で昌益を「日本で初めての軍備廃止論者」として冒頭に紹介していた家永三郎による「日本に於ける反戦思想の歴史」(『日本歴史』一九五〇年三月号所収)と、村瀬裕也氏の「安藤昌益の平和論」(一九九三年、農文協刊『安藤昌益日本・中国共同研究』所収)と、拙論「安藤昌益の平和思想」「安藤昌益の反軍思想」「安藤昌益の平和思想を再読する」(二〇〇三、〇五、〇七年、『人民の力』新春号所収)ぐらいしか思い浮かばない。

家永は「日本に於ける反戦思想の歴史」の中で、日本における古代以来の厭戦思想・反戦思想を振り返りながら「安藤昌益の『自然真営道』の哲学は、大体に於いて農民の立場を代弁するイデオロギーである……彼が軍備全廃を主張しているのは、農民の間に流れている反戦的意識をはっきりと組織づけたものに外ならない……彼の反戦思想が農民精神を母胎としていることは疑いを容れる余地がないであろう」、なぜならば「古来農民は平和の民である。農民は戦争を好まない。出征すれば田園を顧みることができなくなるし、戦場となれば農村は蹂躙される。農民の生活と戦争とは両立しえない」からであるとして、昌益の平和論を大地に生きる農民の心とその社会的立場性との関連で、日本の歴史上にまた思想史上に、積極的にかつきわめて正確に位置づけている。

だが、昌益の平和論は単に「農民の間に流れている反戦的意識をはっきりと組織づけた」だけではなく、同時に古典籍を渉猟し中国における王朝の興亡史や「記紀」の分析を通して、また、弟子の一人、長崎商船奉行の下役を介したオランダ人からの海外情報を通して、いわば当時昌益が知りえたかぎりでの世界史・人類史を総括する中で構築されたものであるという点が特徴的である。そして、それこそが昌益の平和論が、地域を、時代を越えた普遍性を獲得できた所以であろう。

安藤昌益の平和思想

その一つに「反侵略」という観点がある。具体的には、中国の歴代王朝による中華思想に基づく周辺異民族への抑圧、モンゴル帝国によるヨーロッパ・東アジアへの版図拡大から、神功皇后の三韓征伐、豊臣秀吉による朝鮮侵略、薩摩藩による琉球支配、松前藩によるアイヌモシり侵犯まで、有史以来のあらゆる侵略行為が断罪・糾弾される。

しかも昌益の侵略批判は、権力者の個人的な資質や状況判断の誤りといった個別の批判ではなく、古今の侵略行為一般が俎上に載せられたうえで、「金銀通用を為す故に、売買・利欲の法、盛んにして、転下（天下）利欲大いに募り」として、欲望を募らせ、それを助長し拡大する社会体制・社会構造にその原因が求められ、糾弾される点に特徴がある。

そして「軍学、城郭を築くことを第一と為す」として、軍備が、常に自衛を謳い文句にしながらも、その実、「上、臣族多からんことを欲するは、乱を恐るる故なり」「若《も》し、強気にして異輩に及ぶ者之れ有る則は、此の武士の大勢を以て捕り拉《ひし》がん為に之れを制す。亦、聖人の令名に背き、党を為して敵を為す者には、此の武士を以て此れを責め伐たんと為《し》て兼用す」として、不服従な民衆を抑圧するための暴力装置であるとして批判される。

そればかりか、軍師・武士の鑑とされる諸葛孔明・範蠡《はんれい》・源義経・楠正成といった歴史上の名将・忠臣を挙げ、「君父の怨みを報ひ義を立て名を上げ」てはいるものの、武力による鎮圧は「また怨みを招き敵を求め」、乱世を招き身を滅ぼす元であるとして、暴力の応酬・連鎖を批判、報復戦争の愚かさを断つよう訴えている。そしてそこから、「悉く刀剣・鉄砲・弓矢、すべて軍術用具を亡滅」すべく軍備の全廃が主張される。

軍備の廃絶の主張はさらに軍事研究——軍学、兵学の止絶・停止へと進む。孫子を始めとした兵法書は武士にとって不可欠の学問とされ、今でも資本主義競争を勝ち抜くためと称して、経営者や政治家にとって座右の書とされているが、昌益にとっては「軍学は人を殺し己れ滅び、人を滅ぼし己れ殺さる、死争を以て天下国家を盗む」もの、私欲に満ち血塗られた学問であるとして「速かに軍学を止絶」することが求められている。

以上が昌益の戦争論、いわば「直接的暴力」についての論であり、狭義の意味での「平和」論である。では、村瀬氏によって「我々が昌益から継承しなければならぬ最も重要な視点」とされる「構造的暴力」論、さらには「文化的暴力」をも含む、広義の意味での昌益の「平和」思想とはどのようなものであろうか。

昌益は、下剋上の「乱世」＝戦国時代を平定し、三〇〇年の平和をもたらした徳川幕府による「治世」を、いっこうに平和な世の中であるとはみなせなかった。何故ならば、現代世界もそうであるように、眼前の社会は、絶大な徳川軍事政権によってもたらされたかりそめの「治世」――士農工商による身分差別、男女差別、主権在「君」による年貢の収奪等々、いつ「乱世」に転化してもおかしくない、武力による「平和」、虚構の「治世」でしかないからである。

昌益によれば、「乱世」ばかりではなく「治世」もまた、人々の理想とする「自然世」――自然と共生し平和で平等な社会には程遠い「法世」として概括される。「法世」とは人間の本質に根ざした真の意味での平和で平等な世の中ではなく、権力者によって強制された、歪んだ世の中、人間性に反した世の中「構造的暴力」のことである。したがって「治は乱の本」でしかなく、平和への敵対概念として否定される。「武力で平和はつくれない」と。

以上のような昌益の平和論を元に、先に見た家永による規定を、空爆に代表される無差別殺戮・大量虐殺の現代に置き換えてみれば、以下のようになるだろう。「(洋の東西を問わず、権力者とは違って) 古来庶民は平和の民である。庶民は戦争を好まない。出征すれば人間性を顧みることができなくなるし、戦場となれば人間性ばかりか人間存在そのものまでが蹂躙される。庶民の生活と戦争とは両立しえない」と。

ここにおいて、憲法九条の精神、先の世界大戦をはじめとした人類史を総括した日本国憲法前文の精神は、安藤昌益の平和論・平和思想、ガルトゥングの「平和学」とそのまま重なり合う。私たちは、ここをこそ基点として平和を、平和憲法を、世界に発信していくべきではないだろうか。

2　安藤昌益の平和思想・続

ガルトゥングの平和学

安藤昌益の平和思想がガルトゥングの提唱した現代平和学とほぼ重なり合うことについては、「安藤昌益の平和思想」で略述した。本稿はその続編であり、「構造的暴力」「文化的暴力」との関係を探ってみたい。

ガルトゥングの提唱した平和学が従来の平和論に画期的な変更を迫り、ガルトゥングが「平和学の定礎者」「平和学の父」と呼ばれるようにまでなったのは、恐らくその包括性と体系性によってであり、平和を構想し実践するに当たって、豊かな可能性を引き出してくれるからであろう。

ガルトゥングの平和学の画期性は、平和の反対概念として「戦争」ではなく、「暴力」を対置したことにある。そして「暴力」を、戦争をも含む「直接的暴力」、飢餓や貧困に代表される「構造的暴力」、偏見や因習といった「文化的暴力」に分類し、人間の能力、可能性を阻害する様々な社会的要因を「暴力」として一括し、私たちの前に提示して見せてくれたことによるものであろう。

とは言え、「文化的暴力」については、ガルトゥング自身が「構造的暴力」の概念の提唱（一九六九年）に遅れること一八年、八七年に至って初めて提唱したものであり、「構造的暴力」との線引きもまだまだ未確定のようである。さらに言えば「構造的暴力」の概念自体も定義としてはいまだ生成中、発展途上のように見受けられる。以下、『ガルトゥング平和学入門』（〇三年、法律文化社刊）などを参考に、理解しえた限りでそれぞれについてまとめてみたい。

ごく大まかに言って、直接的暴力とは行為者及び行為の結果が可視的なもの、例えば国家間戦争、地域紛争、ジェノサイド、テロリズム、拷問、虐待から家庭内暴力やいじめ、首切り等々、被害者の心身を直接破壊し、殺傷し、痛めつけるものを指す。

それに対して構造的暴力は、間接的暴力とも呼ばれるように、行為者が不可視的で特定しにくい飢餓、貧困、搾取、抑圧、植民地支配、格差、不平等、差別、疎外等々の社会的不公正や自然環境の悪化や破壊等によって、結果として一人ひとりの能力の開花――人間の自己実現を妨げる、社会に組み込まれた暴力、社会構造としての暴力ないし暴力の制度を指す。

また、文化的暴力とは、これら直接的暴力、構造的暴力を隠蔽し合理化し正当化する言説や偏見、差別意識、心的傾向等々を指すもののようである。

そして「平和」とは、こうした様々な「暴力の不在または低減」として概括される。なお、「不在」だけではなく「低減」が加えられているのは、平和学が理念に止まらず、実践の学、応用科学として自らを規定しているためであると思われる。

平和学そのものとしての「自然真営道」

それでは以下に、安藤昌益が生涯をかけて説き続け後世の私たちにその継承・実現を託して逝った『自然真営道』の世界、筆者が「ガルトゥングの『平和学』そのもの」と感じた『自然真営道』の世界とはいったいどのようなものだったのだろうか。ガルトゥングの提唱する暴力の三分類に則して、その一つひとつを見てみたい。

まずは、従来から非戦論者・平和論者として評価されてきた「平和の使徒」昌益による「直接的暴力」批判、戦争否認論であるが、この点は先にも述べたように「安藤昌益の平和思想」で、①反侵略論、②自衛軍批判論、③暴力の応酬批判論、④軍備全廃論、⑤軍事研究廃止論として略述しておいたので、ここでは割愛させていただく。

次に「構造的暴力」批判の問題であるが、この点については村瀬裕也氏が早く「安藤昌益の平和論」(『安藤昌益　日本・中国共同研究』九三年、農文協刊)ほかで指摘されていたように、昌益は軍隊の存在・軍事研究の必要性を社会の私物化・階級支配と不可分なものとして見ていた、ということをまず再確認しておきたい。

では、「構造的暴力」の典型とも言える、搾取・抑圧を昌益はどのように見ていたのであろうか。「安藤昌益の平和思想」でも指摘したように、下剋上の戦乱の世を平定し、徳川氏によってもたらされた太平の世は、戦争が無い分、「平和」であった。しかし、昌益の目から見れば、「治世」と言いながら、人々はいっこうに「平和」のうちに暮らすことができない。とすれば「治世」そのものが形を変えた「乱世」ではないのか、「治世」の内に「乱」＝暴力が潜んでいるのではないか、暴力が組み込まれた社会ではないのか、と。

昌益は言う、「乱世には軍戦・兵糧の為に衆人の直耕を責め取り、衆人を責め使ひ、治世には、上の栄華・慰遊・色欲・城室・賁《ふん》作の為に直耕を貪り取り、衆人を追ひ使ひ、治・乱の世ともに責め貪り、食衣奪《と》り……」と。

つまり昌益にあっては、乱世も治世も「衆人の直耕を責め取る」点ではまったく同じである。責め（支配・抑圧）取る（収奪）ことがある限り、人々に真の意味での「平和」が訪れることはない。支配・抑圧と収奪が、戦争目的なのか、あるいは贅沢三昧目的なのか、の違いにすぎないのではないか、と。

そればかりか、昌益は「治は乱の根」とまで言う。何故ならば、武断政治・文治政治という言葉が象徴するように、時と場合によって、文治政治はいつ武断政治に変わっても不思議はない。本質的な違いではなく、表面に現れた装いの違いだからである。

文治政治とは言いながら、徳川幕藩体制は基本的に武力を背景とした軍事独裁体制であり、内に軍事的な抑圧（乱）が孕まれている以上、武断政治どころか、いつ又「乱世」（戦争）を将来しても不思議はないからである。「治は乱の根」と規定される所以である。

では、構造的暴力である支配、収奪はどのようにして生まれたのか、諸悪の根源は何か。

昌益は言う、「君を立つるは奢《おご》りの始め、万悪の本」と。

昌益は人類史の太古に、すべての人が直耕（農業労働）に携わる万人皆労、万人平等、万人共生の「平和で平等な」共同体社会が存在したと考え、「自然の世」と名づけた。にもかかわらず、世に「聖人」と称する輩が私欲にかられ「奢り」のために、武力で人々を威嚇・沈黙させ、平等を破壊し人々の上に君臨して、上下の差別—支配関係を築くとともに、天下国家を私物化したのだと言う。そして人々を法度《はっと》で縛りつけ、支配・抑圧する眼前の社会、階級社会を「法世」と呼んで批判した。

それればかりか、人類史に普遍的とさえ言えるもう一つの「構造的暴力」である男尊女卑の差別、女性を子を生む機械と道具視する蔑視観も、上下の階級制度を維持するために始まったものだと言う。

人倫の本来的な在り様である男女平等・一夫一妻制を破壊し、男女の間に不平等を持ち込み、一夫多妻の蓄妾制度をするようになったのは、昌益によれば、私物化した天下国家を他人に譲らないため、直系の子孫に世襲するため、王朝の永続を図るためである。

昌益は言う、「王侯・太夫《たいふ》、妻の外に妾《めかけ》を安《お》き、妾の外に官女・腰元と名づけ、一男多女を犯し、天下国家を盗み吾が有と為し、他胤に譲らずと為して此の畜生の業を為す」と。

そして、江戸時代には官許であった売買春、遊郭における公娼制度は、こうした権力者の畜妾制度、性の紊乱《ぶんらん》を下々がその土地土地の繁栄のためと称して、実は商売のため、金儲けのために導入したからであると言う。曰く、「上に居て此《かく》の如きの妄業を為す故に、下に在る者、此の女遊・淫楽を姿《すがた》み、他の多女と交はるを好む。私を以て貧家の娘の多女を拘養し、淫を好む男を誑《たぶら》かし……終《つい》に其の所の繁栄の為と号して之れを営む者多く成り」と。

しかも昌益は、「貧家の多女を拘養し」という表現で、遊女の存在の背後に貧困と人権蹂躙という、別の形の「構造的暴力」が存在していることをも看取している。

こうした収奪が、人や社会にではなく自然に向かった時は、もう一つの構造的暴力である自然破壊・環境破壊となる。七〇年代以降、昌益には「エコロジーの先駆者」という修飾語がよく冠されたが、それは昌益思想のこうした側面を指して言ったものである。

昌益の構造的暴力についての考察、告発はこれだけに止まらないが、最後に、「文化的暴力」の問題について見てみたい。

「講学は盗みの蓋」「盗みの言い訳」として、儒教をはじめとして道教、仏教、神道等、いわゆる伝統教学のすべてを徹底的に批判する昌益の物言いは、各種の構造的暴力を時に隠蔽(蓋)し、時に正当化・合理化(言い訳)する文化的暴力への批判そのものと言うことができ、枚挙に暇がないほどである。

そこで、以下では、その中の代表的なもののいくつかを見てみたい。

まず、先の階級支配を合理化・正当化する孟子の論について見てみよう。孟子の階級支配正当化論（文化的暴力）は、現代でも抜きがたく残っている、あるいは現代だからこそ益々亢進しているとも言える、肉体労働蔑視、精神労働優位という偏見ないし神話（文化的暴力）と一体のものとしてある。

「人を養ふ者（原文は力を労する者）は人に治めらる、人を治むる者（原文は心を労する者）は人に養はる」という支配の合理化・正当化、精神労働の優位を「天下の通義」（文化的暴力）と説く孟子に対して、昌益は肉体労働――生産労働の本源性を確認し、精神労働の寄食性を暴露して痛罵を浴びせている。

曰く、「人を治むる者とは上に立つ聖賢を云い、人に治めらるる者とは直耕の衆人を云ふなり……学書は立上・利己の法術なることを知らず、反《かえ》って書学を以て上に立ち、不耕貪食して衆人の直耕を責め取るを以て天下の人を治むると覚へ、天下を治め民を救ふに暇《いとま》無き故に、耕さずとも失《あやま》りに非《あら》ず、道の具《そな》はりと覚ゆること、大いなる失り、妄《みだ》りに天下押し取り強盗の業なり」と。

つまり、「治むる者（精神労働者）」「養ふ者（肉体労働者）」という孟子の言い分は、支配者・搾取者（責め取る者）―被支配者・被搾取者（責め取らるる者）という上下関係・階級関係（構造的暴力）を隠蔽し、あたかも社会における役割分担、上下関係抜きの水平分業であるかのように見せかけた詐術（文化的暴力）であり、「押し取り強盗」だというのである。

同様に、儒教で賞賛される「仁政」についても、昌益は批判の矛を収めない。孔子・孟子によって、舜《しゅん》帝とともに理想的な帝王と称えられた堯《ぎょう》帝を槍玉に挙げて言う。曰く、「民に仁政を施すと云ふも又、大逆言なり。堯は不耕貪食なれば、堯の手より一米粒・一銭出づること無ければ、塵芥《じんかい》まで堯の物と云ふは之れ無し……何を以て民に一粒・一銭を施す力、之れ有らんや。己れ不耕貪食して民の施しを常に得て、反って民に仁政を施すとは、甚だ又失《あやま》りなり……若《も》し堯の仁政は、民の米穀収斂して之れを以て貧民に施すとなれば、猶《なお》失りなり。収斂して民に施すより、本、収斂を知らず、己れ直耕せば真人なり……施しと言ふ者に非ず、己れ盗みし物を少し宛《ずつ》戻すと言ふ者なり」と。

解説は不要であろう。収斂（搾取）という「構造的暴力」の上にあぐらをかきながら、仁政と称して恩恵下賜策で民衆を欺くのは「大逆言」（文化的暴力）であり、「只狂人」と言うほかはないというのである。

儒教の「仁政」に相当する仏教の徳は「慈悲」であるが、昌益によれば、これまた「道を盗む失《あやま》り」（文化的暴力）であると言う。

ちなみに、昌益は「世は聖人乱し、心は釈迦乱し」と言い、社会的混乱（直接的暴力・構造的暴力）は歴代皇帝とその擁護者、主として儒教によってもたらされ、精神的混乱（文化的暴力）はありもしない地獄・極楽を説き、現実から目を逸らせる仏教によってもたらされたと捉えていた。

そして、「無量を尽して論ずる所、唯《ただ》此の転定《てんち》（天地）の間、人倫の有り様のみ」と喝破し、

「平和で平等な社会」の実現へ向けて奮闘した。

昌益は「慈悲」について、『統道真伝』「糺仏失巻」冒頭で「慈悲は罪の根」とまで言い、章題の下にわざわざ書き付けている。何故か。托鉢と喜捨をめぐる「慈悲」について昌益の言うところを聞いてみよう。

曰く、「衆に食・金銭・産物を乞ふは、衆人に慈悲心を起こさしむるなり。慈悲は仏心なりと云へること、大いに私失なり。衆人を貪りて慈悲を起こさしむとは、盗《ぬすびと》の言い分《わけ》なり。己れ耕さずして貪り食ふは、皆盗みなり……是れ皆、衆人を誑かし迷はしむる者（文化的暴力）なり」

「且つ、慈悲と云へること、能《よ》き事に非ず。慈悲を為す者は善に似れども、慈悲を受くる者は他の恩を負《お》ふて罪人なり。罪無き者に慈悲を与ひて罪に落とす則《とき》は、慈悲を為す者も又、罪人なり……故に慈悲と言ひて、之れを為す者、之れを受くる者、与《とも》に罪人なり」と。

前者では僧侶の寄生生活の合理化・正当化が批判され、後者では平等・対等であるべき人間関係に「慈悲」という名の恩恵の授受が介在することによって、優劣・上下の関係が生じ、破壊されることが批判されている。

安藤昌益の立ち位置

以上、見てきたように、現代の平和学そのものとも言えるこうした安藤昌益の思想が何に拠っているかについては、これまでも、やれ老荘だ、やれ仏教だ、やれ神道だ、やれ荀子《じゅんし》だ……等々、様々に取り沙汰され、江戸期の思想史の中では異端とされ、せいぜいが二宮尊徳や大原幽学などとともに独立学派として分類されてきたような経緯にある。

が、昌益自身が「師無く、弟子なし」と公言していたように、また高弟・神山仙確が刊本『自然真営道』の序文で「吾が師（昌益）……不肖にして古説を自然の道に違《たが》へりと為す。此の書を見る者、忽《たちま》ち神を驚かし、伝へ聞く者、胆《きも》を寒《ひや》し、一たびは嘲《あざけ》り一たびは悪《にく》み、之れを罪せんことを欲せんか」と昂然と言い放っていたように、従来の伝統思想の枠内に収めようということ自体にそもそもの無理があろう。

何故ならば昌益は、従来の学問が古典の解釈――訓古か、せいぜいがその批判による新しい学派・学閥の提唱であったのに対して、「学は皆、商売」「学と欲とは体と影の如し」として、学者・学問自体が立身出世を動機ないし目的とした「文化的暴力」にほかならないと見ていたからである。

こうした視点・観点を昌益が持ちえたのは、何よりも昌益が徹底的に「目に一丁字もなき」農民の立場に立ちえたからだと思われる。だからこそ昌益は、無文字社会を生きていたアイヌ民族の生き方を、野蛮であるとして蔑《さげす》むのではなく素直に「奪ひ奪はるる乱世無し」と、高く評価できたのである。

古来、農民は書物や学問からではなく、天地自然に学ぶことによって、自然と共生する中での粒々辛苦の労働によって、人々のいのちの糧、食糧を生産し、社会を支えてきたのである。搾取階級、寄生生活者といった不耕貪食の輩までをも含めて。

去る二〇〇九年一〇月二〇日、『朝日新聞』の連載「定義集」の中で大江健三郎氏は、『Doing 思想史』を著したシカゴ大学のテツオ・ナジタ教授の話を引きながら、二宮尊徳と安藤昌益について触れ、「確かな行動のための源」としての「自然」を確認、「二宮尊徳はむしろ農民たちに、知識を得たければ自然を読め、と教えたのだ、と。自然こそ言語であり、自然の文法を知ることがわれわれの教養となり、それによって確かな行動を取れるようになる」と述べていた。

二宮尊徳とは違って恐らく昌益は、「自然の文法」を読むことを農民に教えたのではなく、逆に農民から教えられ、学ぶことによって「自然の文法」を解読することができ、「自然を確かな行動のための源」とすることで、古今未曾有の『自然真営道』を著すことができたのではないだろうか。

大江氏の「定義集」を読みながら、私は二〇〇七年一〇月に行われた「安藤昌益全国フェスティバルin千住」での基調報告「安藤昌益の医学――その系譜と千住宿」の最後で触れた「おわりに――いのちの思想」を思い浮かべた。参考までに、同フェスティバルの『報告集』からその点を引いておこう。

「昌益は『一字なりとも省き棄つるは転真（天真）への奉公なり』と述べて、文字、すなわち漢字を制限し、書き言葉よりも話し言葉を、共通語・標準語の優位性に対しては、方言やその土地、土地の言葉、土地なまりを擁護して、駆使してはばかるところがありませんでした……舶来信仰、外来のものをありがたがって、知識や学問をありがたがる傾向に対して、その土地土地に生まれ育った日常の生活を大切にすることこそ重要なのだということが、安藤昌益の言いたいことの眼目にあったと思います……IT革命と称して、バーチャルな世界がますます幅をきかし、人々の生活、人々の精神を侵食している現状にあって、野良へ出て直耕を通して体を動かし、自然界の動きに目を凝らし、自然界の動きに耳を澄ます。同時に、心身の健康を取り戻し、一人一人の内なるいのちの声、いのちの律動に耳を傾けるべきであるというのが、安藤昌益の呼びかけではないかと思われます」

私は先に「安藤昌益の平和思想」で、家永三郎氏の論文「日本における反戦思想の歴史」から「古来農民は平和の民である。農民は戦争を好まない。出征すれば田園を顧みることができなくなるし、戦場となれば農村は蹂躙される。農民の生活と戦争とは両立しえない」「彼（安藤昌益）の反戦思想が農民精神を母胎としていることは疑いを容れる余地がないであろう」といった文言を引いて、軍備全廃論者・昌益の立ち位置を確認したが、現代の平和学に照らしても、そのことが再確認できよう。

権力者、為政者の説く正義や大義ではなく、農民の、庶民の常識・良識こそが、「自然」とともに「確かな行動のための源」であり、「平和思想の源」なのである。

おわりに

以上、現代の平和学を先取りし、現代平和学そのものとも言える安藤昌益による「自然真営道」の世界について見てきたが、最後に再びガルトゥングとの類縁性について触れてみたい。

ヨハン・ガルトゥングは『ガルトゥングの平和学入門』第三章「平和学とは何か」の中で、「平和」と「健康」概念との相似について触れ、〈平和：暴力＝健康：病気〉という定式を提示、「健康学から平和学へ――そして、もう一度、健康学へ」といった往還的、弁証法的な考察を行っている。そして「健康とは病気の不在ではなく、病気を扱う能力」であると定義付け、応用科学、実践の学として、「平和」についても「暴力の不在または低減」と定義づけた。そして暴力の不在・低減へ向けた処方箋の中で、紛争の解決や平和の構築のために奮闘する紛争（平和）ワーカーや国際機関の役割について言及している。

ガルトゥングが平和学の考察にあたって健康学との比較を援用したのと同じように、安藤昌益は農民の声を代弁する思想家であるのと同時に、その生業は腕のいい臨床医でもあった。農民に学びつつ「自然」を解読、いのちの尊厳を思想の機軸に据えた昌益の姿勢は、ここでもガルトゥングの問題意識、方法論と響きあい通じあっている。

最後に、再度『報告集』からの引用をして、本稿の締めくくりとしたい。

「『未病を治す』という東洋医学の伝統にのっとりつつも、しかも、それを単なる個人の養生論、個人の健康法に終らせず、社会全体の養生、社会全体の在り方、世直しの問題として、一人一人の生き方の問題として、後世の私たちに向けて、安藤昌益は『自然真営道』を書きあらわし、問いかけているのだと思います」

個人の医師から社会の医師へ。安藤昌益の平和思想とは、「平和で平等な社会」の実現へ向けた、実践を伴う農民思想家・臨床医家のそれであった。

3　安藤昌益と自立の思想——ガンジーを媒介に

二〇〇三年は、日本が生んだ最も独創的な思想家・安藤昌益生誕三〇〇年の記念の年に当たるため、『人民の力』誌新年号に「安藤昌益の平和思想」と題して小文を掲載させていただいたのを皮切りに、会報『直耕』や資料集『安藤昌益切り抜き帳』の刊行、『昌益研究かけある記』の出版、昌益の生没地・大館市で催された記念シンポジウムや東京で行われたいくつかのミニ・シンポ、講演会への関わりと、昌益おこし・昌益思想の普及にいささかなりと貢献できたのかなとの思いがある。

その一方で、年頭に思い描いていた様々な企画からすれば、やり切れなかったものも多く、忸怩たる思いも残る。やり切れなかったことの多くは、己れの怠慢・非力を棚に上げて言うわけではないが、何よりもイラク戦争—有事法案—自衛隊出兵といった事態を巡る急ピッチな展開に伴い、職場でのビラ配布、地域での学習会や駅頭でのビラまき、全都・全国レベルでの集会やデモといったものに、多くの時間と労力を割かれたことによるものである。ただ、そうしたものを通して感じたこともいささかあり、思いつくままに以下に触れてみたい。

一つはこの間、許すな憲法改悪・市民連絡会の事務局長として若者も含めた様々なピースアクションを組織、また憲法調査会での議論を逐一傍聴・検証してきた高田健さんの『改憲・護憲何が問題か』の出版記念会の席で、確か日本消費者連盟の代表の女性だったと思うが、「これからは、自立した市民一人ひとりが国家と対峙していくことが求められている」との強い決意を示す発言をされたことが、今でも深く印象に残っている。

二つ目は、この間の有事法制を巡る様々な集まりで特徴的なこととして、①先の選挙結果の評価に関連して、民意を反映しえない現在の議会制「民主主義」の在り様、特に小選挙区制の問題を問う発言が多く、②第二次世界大戦前夜に戦争反対運動が不在であったことの反省の上に今回のイラク出兵を問うたり、日露戦争時の与謝野晶子の反戦詩を引用して自衛隊員やその家族とのネットワークについて言及するなど、日本近代史総体の見直しの中で有事を捉える発言が目に付いた。また、それらと関連して③マスコミの在り様を問う発言も多かった。

思えば、かつて選挙制度改革と称してその実、小選挙区制の導入を煽ったのもマスコミだったし、先の選挙でも本来の争点がイラク出兵——戦争か平和かだったにもかかわらず、あたかも最大の争点が二大政党制であるかのように煽り、護憲勢力の追い落としに預かったのも、この国の懲りないマスコミであった。そうした意味では、私たち一人ひとりが自立した市民・労働者として、マスコミや権力者・為政者のウソ、歴史の真実を見抜く力が試されていると言えよう。

なお、この点に関連して言えば、この秋、久しぶりに町田市の自由民権資料館を訪れた際、自由民権運動の退潮期に自由党が解党し、多くの民権派が国権派へと転向していく中、民権運動激派による大阪事件を機に日本が一挙に朝鮮侵略にのめり込んでいった過程のパネルを見て、頭をよぎったのはよど号ハイジャック事件であった。奇しくも同行した友人も同じ思いだったとのことで、残念ながら私たち自身、反体制を標榜する側の大言壮語や事大主義に隠された問題性についても、見抜く力、自立した思考力が必要とされていると言えよう。

三つ目は、去る二月初め、東京東部でイラク派兵についての学習会をした際、講師の一人として非暴力平和隊のメンバーが来ておられ、話の中でガンジーの思想への共感を熱っぽく語ってくれた時のことである。ガンジーについては私も、インド独立の父・非暴力不服従ということぐらいしか知識がなく、それなりの敬意とシンパシーを感じてはいたものの、それ以上でも以下でもなかった。ところが、会場で紹介されていた関連書は『ガンジー、自立の思想』（一九九九年、地湧社刊）と題され、ガンジーの文明論を扱ったものだった。

帯には「いのちの経済に目覚めなさい。手紡ぎ車を自治・自立の象徴としたガンジーは、近代機械文明の正体を見抜き、真の豊かさとは自然と人間の共生にあることを知っていた」とあり、パラパラとめくると、「体が必要としているものは、体を使って手に入れる必要がありますす」「機械は、少数の人間が大多数の人を踏みつけにして栄えるのを助けているに過ぎません」等々の魅力的な字句が飛び込んできた。そしてガンジーは、こうまで言っている、「インドが惨めな状態にある原因は、近代文明を受け入れたことにあります」と。

私は思わず、安藤昌益のこと、安藤昌益の技術論・文明論を思った。昌益もまた、ガンジーのように考え、ガンジーのように説いていたことを。そしてまた、その故にこそ、ガンジー同様、文明否定・人類史への逆行と見られてきたことも。

だが、本質はそこにはない。昌益もガンジーも、人々の経済的な自立と同時に人々の精神的な自立と人間の尊厳を、誰よりも何よりも大事にしていたが故に、近代文明という名の資本の論理、人類の進歩というウソによって、技術者を含め人々の欲望を組織する資本——現代の聖人の論理をよく告発しえたのである。

第5章

安藤昌益の歴史観

1　安藤昌益の歴史意識とナショナリズム

国境——偏狭なナショナリズムをめぐって

このところ日本「国」の「国境」をめぐって、「在特会」や「頑張れ日本！全国行動委員会」をはじめとする偏狭なナショナリズム＝排外主義がマスコミを席巻しているかのように見える。また、肝心のマスコミ自身が日本近代史に果たした自らの負の役割への反省も無く、そのことをいっこうに怪しんでいないかのように見受けられる。そればかりか、多くの民衆の「チェンジ」への期待を背負って登場したはずの民主党政権は、マニフェストに謳った政治主導——脱官僚どころか官僚の意のままに操られて公約破りを続け、自民党も真っ青の対米追随外交に舞い戻り、「国境」をめぐる外交問題の火に油を注いでいる悲しむべき現状にある。

「北方領土」「尖閣列島（釣魚台列島）」「竹島（独島）」をめぐって、ロシア、中国、韓国と日本の間で、双方の言い分が違っているということは、どちらの言い分が正しいかということの判断以前に、二国間で言い分の違いが存在し、領土問題が存在しているということに他ならない。にもかかわらず、そうした事実を無視して、「領土問題は存在しない」「解決済み」という木で鼻をくくったような日本政府の対応は、国内的には歓迎されても、国際的には自ら対話の道を閉ざす頑《かたくな》な態度である旨を言外に発信してしまっていることを認識すべきであろう。ちなみに、「北方領土」について言えば、アイヌ民族やニブヒ、ウィルタなど、北方先住諸民族が、自分たちの声を無視・抹殺した上での領土問題の解決はあり得ないと訴えており、単なるロシア―日本という二「国」間の「国境」問題ではないということを踏まえておかなければなるまい。

何故ならば、大方の日本人が現在、自明のこととしている「北は北海道から南は沖縄まで」という「国境」意識は、一九世紀中葉、帝国主義列強の包囲の下、徳川封建体制を打破し自らも列強の仲間入りを果すべく、江戸期の日本人からすれば外国であったアイヌモシリ（北海道）、琉球王国（沖縄）を明治政府が併呑し、大日本帝国―大東亜共栄圏建設の第一歩、国内植民地とした上に築かれたものだということを、自戒を込めて踏まえておかなければならないからである。

いやそれ以前に、そもそもこの地球上の至るところに張り巡らされた「国境」とは、万古不易のものではさらさらなく、その多くは一九世紀から二〇世紀にかけて、西欧列強を中心とする帝国主義諸国によって、住民の意思などとはまったく関係なしに勝手に分割・画定され、その後の長期に亙る民族解放闘争・独立運動を経て、主として一九四五年以降、新たに画定し直された（されつつある）ものである。さらに言えば、その背後には「大航海時代」と称される、一五世紀以来の西欧諸国によるアジア・アフリカ・ラテンアメリカへの「進出」――先住民族抹殺や奴隷貿易（人身売買）といった植民地化の血ぬられた歴史、収奪の歴史がある。

安藤昌益と江戸期のナショナリズム

ところで、一八世紀中葉、徳川幕藩体制による「鎖国」政策下に生きた安藤昌益（一七〇三～六二）にとって、世界は、歴史は、どのようなものとして認識され、また意識されていたのだろうか。昌益は、発見者・狩野亨吉によって「極端なる愛国的態度」と評されたように、その著作の一部には、天皇制ファシズムによってナショナリズムがウルトラナショナリズムにまで拡張・転用された苦い経験を持つ我々にとっては、やや意外と思えるほどの過剰なナショナリズムが横溢した部分がある。

例えば、六世紀半ば、「鎮護国家」建設のため仏教を始めとする大陸文化を導入した蘇我馬子・聖徳太子に対抗し、仏教導入に反対した物部守屋《もののべもりや》を「神忠臣」と讃え、守屋の口を借りて「夫《そ》れ、日本国は天照太神正統の発国、転定《てんち》の東、天神初発の神国、万国の本なり」とまで言っている。

ちなみに、江戸時代中期は徳川幕府をイデオロギー的に支えた官学・朱子学への公然たる批判が開始された時代であり、東アジア儒教文化圏からの離脱―自立が始まった時代であった。それは、儒教内部における古学の誕生―発展であり、儒教を「漢意《からごころ》」「さかしら」として排する国学の誕生―発展であり、いずれもナショナリズムと深く結びついていた。国学者はもとより儒学者にしても、例えば、伊藤仁斎の古学、荻生徂徠の古文辞学に先んじ、古学派の先駆けをなしたと言われる山鹿素行は、朱子学に代表される中華思想・拝外主義を批判、日本こそ「中華文明の土《くに》」とまで言挙げしたのである。

そして昌益もまた、「明日にも他来の偽語の妄業を潰廃する則《とき》は、乃《すなわ》ち廉正の神道に帰し、日本国に於て無患・正廉の神国の正本たり」として、外国かぶれ――拝外主義を批判し、自国を、自国民の歴史を讃えた点では、国学と同じ地平である過剰なナショナリズムに立ったと言える。だが、国学が「漢意」――論理を批判し「おのずからなる道」を尊崇するあまり、反論理的な神秘主義に陥り、ナショナリズムからウルトラナショナリズム（超国家主義）、エスノセントリズム（自民族中心主義）へと排外主義の妄想を拡大していったのとは対照的に、昌益はまったく独自に歴史認識を深めていったのである。

昌益の歴史認識――ナショナリズムを越えて

では、昌益は何故に、国学のような偏狭なナショナリズムに陥らず、『忘れられた思想家』でハーバート・ノーマンが指摘するような「稀《ま》れなる真実の意味の愛国者」たりえたのであろうか。

まず何よりも昌益は、国学者と違って神秘主義を排し、『日本書紀』『古事記』における国生み神話を新井白石同様に「神代《かみよ》は人の代」と看破、神々に仮託された国生みの事跡を人々の営々たる共同体の建設史と見ることのできた、合理的精神・科学的精神の持ち主であった。

それと同時に、徳川幕府の鎖国政策を「智分薄」いもの――情報を途絶する浅薄で恥ずべき外交政策であるとして批判し、長崎商船奉行の下役、京人某《なにがし》を使った独自の情報ルートによって、幕府中枢が独占していたご禁制の海外情報を入手していた。そして、大方の日本人が唐《から》・天竺《てんじく》・日本の三国世界観しか持ち得なかった時代、すなわち儒学者・国学者を問わず歴史家が、日本史も中国史の方法論を借りてしか記述できなかった時代に、昌益は徒手空拳で阿蘭《おらん》陀《だ》を含めた各国史を考察し、その中で日本を、日本史を、ナショナリズムを相対化しえたのである。

しかも、各国史を記述するにあたっては、無文字・無階級のアイヌ民族社会を高く評価し、清朝の成立に象徴される中国と周辺民族との攻防史を中華民族・中華思想による抑圧・支配とそれへの反逆史と見、スペインからの独立を達成したオランダの共和的な政体を絶賛するなど、支配民族・抑圧民族という伝統的・正統的な立場からではなく、被支配民族・被抑圧民族の立場から、被支配階級・被抑圧階級の立場から、「目に一丁字も無き」農民の立場から、歴史を考察したのである。それをよくなさしめたのは、昌益が伝統的・正統的な歴史観に対する懐疑的・批判的な精神の持ち主であり、常に弁証法的な考察のできる柔軟な思考の持ち主であったからだと思われる。

それればかりではない、昌益は世界史に先立つ人類史、すなわち人類の環境への働きかけとそこにおける道具の役割、内部生命の発露としての知的発展史を人類の発生に遡って考察し、さらには宇宙規模における地球生命史を踏まえつつ、歴史を構想していたのである。

そこには人類の営々たる歴史の歩みに対する確たる信頼――平和で平等な未来社会「自然世」の招来に対するゆるぎない確信はあっても、偏狭なナショナリズムが跋扈する余地など微塵もない。鎖国下の日本にありながら、日本史に止まることなく、世界史、人類史、さらには地球生命史といった人間存在の原点に立ち戻りつつ、人類の来し方行く末を見続けたが故に獲得できた歴史認識である。

未来へ向けて

二〇一一年一一月、紀伊国屋サザンシアターでは「安藤昌益の会」の呼びかけ人のお一人であり、戦後を代表する劇作家の一人、二〇一〇年四月に亡くなった井上ひさしさんの追悼公演「水の手紙」が上演された。井上さんは、私たち人間の命を育み、「国境」を越えて地球上の生命を一つに結びつけている水の存在を讃えて、「国境」を呼号する者の愚かさと水を母体としてつながり合う生命の尊さを訴え、昌益の思いと響き合っていた。演劇人である以前に、宇宙船地球号の乗組員として、地球市民として生きた井上さんならではの思いに溢れた舞台であった。昌益は鎖国下の日本から、日本の世直しに止まらず、人類の共存・世界平和を訴えていたのである。亡き井上ひさしさんと同じように。

2　ヘイトスピーチと安藤昌益

二〇一四年は、秋の国民文化祭あきたの県民参加事業「安藤昌益をみんなのものに！」のお手伝いをしたことと、師走にハーバート・ノーマン生誕一〇五年記念事業としてミニ講演会を開催したこと、春に出張にかこつけて福山在住の友人に大逆事件の犠牲者の一人、森近運平の生家跡を案内してもらったこと、六月末、念願の花岡事件慰霊祭に参加したこと以外は、土日も含めて、ほとんど毎日の仕事に忙殺された一年だった。

以前ならば、足しげく参加していたであろう特定秘密保護法反対の動きや集団的自衛権行使容認の反対運動、沖縄支援や脱原発の行動にも、またアイヌ民族抹殺発言への抗議にも……「大義なき」選挙（そもそも違憲状態での選挙に対して、七〇〇億円もの公費を投じる暴挙に、ほとんど疑義もストップもないままになだれ込んでしまう日本社会に、はたして民主主義と呼べるようなものはあるのだろうか）支援の運動にも、思いはあっても身動きがならず、歯がゆさを感じつつも断念、忙しさを理由に不参加を決め込むのが日常になってしまった。

そうした時局的な動きから一歩引いたところで、あいかわらず安藤昌益を軸に政治・社会に思いをめぐらす中で強く感じさせられたのは、「従軍慰安婦」＝戦時性奴隷問題、ヘイトスピーチ＝中韓バッシングに象徴される、日本社会の反省のなさと表裏一体のこととしての偏狭で非寛容なナショナリズムへの傾斜であった。品性下劣で悪意に満ちたヘイトスピーチの横行、嫌韓・嫌中本の氾濫等、突出した動きについては、ヘイトスピーチ規制の動きや言論の自由を隠れ蓑にした人権抑圧的な出版を考える出版人の動きなどもあって、社会的にそれなりの歯止めがかかりつつあるかに見えるが、そうした扇情的でウルトラ・ナショナリスティックな言動の跳梁跋扈《ちょうりょうばっこ》を支えている日本社会総体の右翼的な気分＝ナショナリズム、歴史修正主義による日本人の歴史意識の在り様と人権意識への無自覚・無反省な感覚麻痺、すなわち反知性主義の横行こそ、問題にしていかなければならないだろう。

安倍総理をはじめとして性懲りもなく靖国参拝を繰り返す与野党国会議員の多くが歴史修正主義の信奉者であることは間違いなく、また世論をミスリードすることこそがマスコミの使命であるかのような『読売新聞』『産経新聞』をはじめとする週刊誌の執拗かつ倒錯した『朝日新聞』バッシングや嫌韓・嫌中的な言説の洪水が、閉塞感に覆われた多くの日本人のうっぷん晴らし――民族差別・アジア差別に基づく刹那的な優越感に浸るための材料を提供しているという姿は、国内的にはもてはやされても、国際的には孤立を深め、東アジアの緊張の最大の誘因となっていることは言うまでもあるまい。

鎖国という情報疎外の江戸時代中期にあって、孤軍奮闘の中から、独自に地球生命史・人類史・世界史・日本史を総括し、時代を越え、神国＝自民族中心主義を越えて、地球市民とでもいうべき立場に立って世直しを考えていた安藤昌益の歴史意識については、この間、繰り返し言及してきたところであるが、本稿では「従軍慰安婦」問題＝戦時性奴隷の問題について、昌益の「買春」批判論と明治初年に横浜で起こったマリア・ルス号事件を軸に、改めて考えてみたい。

マリア・ルス号事件とは、歴史修正主義者が好きな言葉で言えば、「学校が教えない」維新史・歴史の一駒であり、昌益以上に「知られざる」歴史の一ページである。

一八七二（明治五）年七月九日、暴風雨による船体の破損修理のため、横浜港沖に臨時停泊中のペルー船、マリア・ルス号から一人の清国《しんこく》人苦力《クーリー》が海中に身を投げ、イギリス船に救い上げられた。入水自殺を図った清国人苦力は「移民運搬」と称してマカオからペルーへ向けて「連行」される途中の二三〇余人の「売奴」（人身売買奴隷）の一人で、時の神奈川県権令《ごんれい》・大江卓《たく》はマリア・ルス号をポルトガル人による「清国人奴隷貿易」船と認め、ペルーが条約未済国という困難にもかかわらず「自然の正道」「万国公法」に反するもの（コントラ・ボノス・モレス）として断罪、全員を解放し無事に本国へ帰国させたというものである。

ところがこの事件には後日談があり、マリア・ルス号の弁護人、フレデリック・ディケンズは裁判の中で、日本側は「自然の正道」「万国公法」を言うが、そのお膝元で「娼婦」という名の「人身売買」「奴隷制度」があるではないか、こうした「奴隷制度」を公認している日本に「奴隷問題」を裁く資格はないと主張したのである。こうしたディケンズの指摘を受け、明治政府は同年一〇月二日、「娼妓、芸者等の年期奉公人、一切解放すべし、右に付いての貸借訴訟等、総《すべ》て取り上げず候事《そうろう》」とする「娼妓解放令」を布告したのである。「人の婦女を売買し、遊女、売春其の他種々の名目にて、年期を限り或いは終身其の心身の自由を束縛し、以て渡世いたし候者これあり、曾て亜米利加《あめりか》州にこれあり候、売奴（黒人奴隷）と殆ど大同小異の景況にて」という認識のもとに。

「戦時性奴隷」などとは言いがかりだ、「奴隷」扱いなどしていないなどと言い募っても、引かれ者の小唄、国際的に通用しないばかりか、一〇〇年以上も前の明治政府の英断にも及ばない時代錯誤の言い分にすぎない。たとえ「身売奉公人請状《うけじょう》」「年季奉公人請状」という一見合法的な契約書があったとしても、「娼妓」（慰安婦）というのは「売奴」（性奴隷）同然だというのが、時の明治政府の公式的な見解なのである。

歴史修正主義者、「従軍慰安婦」否定論者が、言い募れば言い募るほど、日本人の戦争犯罪への反省のなさ、人権意識の欠如、日本の恥を国際的にさらすだけだということ、自らが忌み嫌う「反日」的な言動であるということが、分からないのであろうか。

橋下徹・大阪市長発言のあった頃、新聞の投書欄にある女子大生の意見が掲載されていた。「強制かどうか」「日本軍の直接的な関与があったかどうか」「他の国もやっている」といったことは本質的な問題ではない、「慰安婦」にされ、人権を蹂躙され、心身ともに傷つき、今も苦しんでいる女性が大勢いる、そのことをどう見るか、そのことに対してどうするのか、といったことこそがこの問題の本質ではないかという、至極まっとうな投書であった。史実を歪曲し「捏造」しているのは、はたしてどちらだろうか。

安藤昌益は言う、「私を以て貧家の娘の多女を拘養し、婬を好む男を誑《たぶら》かし……終に其の所の繁栄の為と号して之れを営む者多く成り……僧俗の分義も無く、親子兄の恥分も無く、一女に多男之れを追い、多女に一男妄交し」と。昌益は、今では江戸文化の華などと一部でもてはやされている遊郭の存在が、実は「地域の繁栄のためなどと称してはいるものの……金儲けのため、貧困に迫られた貧しい家々の娘たちを拘束し強制して性的労働に就かせ、男どもの性欲のはけ口にしているにすぎない」と、性産業の本質が「性奴隷」にあり、貧困という社会的背景をもった存在であることを見抜いていたのである。

植民地化や侵略による圧倒的な搾取・支配強制、その結果としての貧困化といった日本の戦争犯罪を棚に上げて、「慰安婦」が高収入を目的に自由意思でなされた商行為であるかのような言い分は、現代を投影した非歴史的なこじつけに過ぎず、事実に基づかないばかりか、一五〇年前の明治政府の公式見解、二五〇年前の昌益の洞察力の足元にも及ばない愚論と言えよう。

今年（二〇一五年）は第二次世界大戦終結七〇年という節目の年である。日本社会はいったい、いつになったら、近代一〇〇年余を通して犯し続けてきた自らの犯罪、とりわけ国家犯罪に真摯に向き合えるのだろうか。歴史に真摯に向き合わず、心からの反省、謝罪がないことを、アジアの人びとがとうに見抜いているにもかかわらず、である。

３　安藤昌益の自国認識——いわゆる「愛国」的表現をめぐって

はじめに

二〇一六年四月、『直耕』第三九号の発行、送付に併せ、山﨑庸夫《のぶお》さんと吉田徳寿《とくじゅ》さんの新著の案内チラシを同封させていただきましたが、その後、何人かの方から「山﨑さんが、昌益の「四民」（士農工商）批判は中国儒教・聖人に対する批判の一環で、批判の対象は中国・聖人に限定されている、と言っているが、こうしたことは本当か」といったお問い合わせや「どうして、わざわざあのような本の紹介をしたのか」といった苦情が、相次いで寄せられました。

筆者としては、山﨑さんが昌益研究の先達であること、医学資料の発見等、昌益研究において重要な役割を果たしてこられた方であること、この間のお付き合いの中で誠実なお人柄であることを実感していましたし、また共に農文協版『安藤昌益全集』の編集・執筆を担当した泉博幸さんの農文協における最後のお仕事であったことなどから、販売促進に少しでもお役に立てたらと考えてチラシを同封させていただいた訳ですが、同書の中身を確認しないままそうした行為に及んだことについては、事務局を預かる身として軽率であったと率直に反省しお詫びいたします。

さて、前置きがだいぶ長くなってしまいましたが、同書はご本人が自虐的に謙遜して言われるような「無駄・徒労」とは言わないまでも、先のお問い合わせ以外の個所にも多くの「異説」を含んだ、「実像」ならぬ誠に「痛ましい」ものでした。が、そうした点を一々言挙げしたところで生産的ではないため、以下、三宅正彦一門を中心としてこの間、昌益研究の「通説」に「異説」を唱えることを自己目的とした昌益「ナショナリスト」説の問題点、安藤昌益の自国認識・日本観について、いわゆる「愛国」的表現について考えてみたいと思います。

昌益の日本観、愛国的表現を巡って

安藤昌益の日本観、自国認識については管見では、差別主義者・安藤昌益、尊王論者・安藤昌益といった形で、「通説」に異を唱えることで自己を売り込むことに熱心だった故・三宅正彦愛知教育大学教授と、その薫陶よろしきを得て師の「異説」を補強すべく「研究」をまとめた門下生たちの「木を見て森を見ない」いくつかの卒業論文・修士論文以外、これまでまとまった論考、本格的な研究は発表されていないものと思われます。

一方、発見者・狩野亨吉が「極端なる愛国的態度」(『狩野亨吉遺文集』30ページ)と言い、また昌益の名を人口に膾炙《かいしゃ》せしめたと言われるH・ノーマンが「真実の意味の愛国者」(『忘れられた思想家』下・203ページ)と言っていたように、昌益の著作には「愛国」的な文言が横溢した部分、過剰ともいえるほどのナショナリスティックな文言があることは、事実としてまず確認しておかなければならないでしょう。筆者自身、『いのちの思想家　安藤昌益』（二〇一二年、自然食通信社刊）では「まるで排外的民族ナショナリズムを彷彿とさせる文章さえ見られます」（同書123ページ）と、指摘していたところです。

まず、狩野亨吉の言うところをもう少し丁寧に確認してみましょう。狩野は、先の引用の前後で、「彼の常識に附帯して彼の愛国心を思ひ出さざるを得ない……彼が我民族を建てようとの意志熱情は到る処《ところ》に表はれて實にいたましい程である……事苟《いやしく》も我国の利害に關すると見れば、蹶然《けつぜん》起《た》って神国を喚《よ》び、此《この》神国をどうする積りであるかと詰責するのである……かかる極端なる愛国的態度は彼が思想の根元より発露し来る精華であって、決して単純なる感情に基づいてゐるのではない」（前引書30ページ）として、昌益の「愛国」的表現が昌益思想の根元に由来した内発的なものであることを認めつつも、「極端」で「いたましい程」という評言に見られるように、やや過剰にすぎる点に違和感を覚えていたものと思われます。

一方、狩野の下で昌益研究に励み、戦前唯一の単行本『安藤昌益と自然真営道』（一九三〇年、木星社書院刊）を著した渡辺大濤は、昌益の「愛国的」表現を三ヶ所（勁草書房版同書229、231、233ページ）に亙って引用しながらも、その点についての評言は一切なく、あまり違和感を覚えたようには見られません。それよりも、大濤独特の在野的というか、野人的感性に基づいて、次のような極めて興味深い指摘をしています。

「彼は我が日本を以て神国と尊び、寧《むし》ろ共産的自然生活を営むを以つて我が神国の真面目を発揮するものと信じ、人為的教義、即ち支那の儒教や道教、印度の仏教などの侵入が却《かえ》つて我が神国の真面目を破壊したと痛論してゐる」（同書50ページ）

「共産主義が我が日本の国土に適するや否やの論議は別に其人《その》あるであらう。唯《ただ》安藤昌益の出現によつて、斯《こ》ういふ思想は一部人士の云《い》ふやうに全然外来思想であるのではなく、社会の推移によつては我が国にも自生するものであることだけは事実によって教へられる。そして共産主義を容《い》れざらんとせば、斯《か》かる思想の発生しないやうな環境を造るに如《し》かずと云ふことも認容しなければなるまい」（同書310ページ）

また、H・ノーマンは『忘れられた思想家』（一九五〇年、岩波書店刊）の中で、次のようにも言っています。

「徳川の中期および末期になって、秋田から出た有名な学者といえば大ていは国学者である。昌益を国学者のなかに数えることは決してできないが」（同書・上、23ページ）とか「昌益には、本居宣長その他の国学者のように、ただしそれほど強烈ではなかったが、一種の中国嫌いとでもいったところがあり」（同書・上、55ページ）といった形で、本居宣長をはじめとした国学者との共通性を指摘した上で、「とはいっても昌益は決して偏屈な排外論者ではなかった。のちに見るように、かれが賞賛を惜《お》しまなかった作家なり思想家は二人しかいないが、そのいずれも中国の人、陶淵明《とうえんめい》と曾子《そうし》であった」（同書・上、55ページ）として、きわめて的確な指摘をしています。

そして先に引いた「真実の意味の愛国者」との表現は、次の件《くだ》りで言及されています。

「私は昌益を稀《ま》れなる真実の意味の愛国者と考えたい。かれが当時の世の有様を容赦なく攻撃したことはかれに民族的誇りが欠けたことを意味するものではない。反対に、昌益は、日本の純朴な民衆にわけても農民に強い愛情をそそぎ、国土の自然美に深い愛着を感じていた。腐りはてた時代に対するこの人の怒りは、同胞に期待するところが多かったればこその尺度というべきである。たしかに、昌益は、必要な改革さえ行われれば日本は繁栄した幸福な国になると考えていた。かれは自分の国を愛したが、それは神道流の神秘主義者や逆上した国家主義者が外国を憎悪し軽蔑することによってのみ自国への正しい尊敬を表わすことができるとする……あの熱に浮かされたやり方をもってではなかった」（同書・上、203～204ページ）

次に農文協版『安藤昌益全集』編集代表の寺尾五郎さんは、昌益の「愛国」的表現には直接言及していないものの、昌益の自国認識、国際観について以下のように述べています。

「昌益は一面ではナショナリストであり、他民族が日本を侮《あなど》ったり、日本が他民族に諂《へつら》ったり、また他民族が日本に諂ったりすることをも大いに問責する。しかし日本が他民族を圧迫することを決して容認しない。そのような侵略行為は、歴史をさかのぼってまで糾弾する……当時の日本では、やれ征伐だ、やれ征服だと華々しく称揚していた自国の侵略行為を、その内部から断乎として批判した稀な例と言える」（『続・論考安藤昌益――安藤昌益の社会思想』一九九

六年、農文協刊、291〜292ページ)

昌益の日本観とその変遷

これらの引用で、昌益の「愛国」的表現、日本観、自国認識についてはほぼ言い尽くされていて、これ以上の論究は不要なのかもしれませんが、それでも山﨑さんのような「実像」と称した「異説」が出てくる以上、別の角度からの検討が必要なのかもしれません。

そこで以下、昌益の原典に則してこの点を見てみましょう。なお、毎度の断り書きで恐縮ですが、稿本『自然真営道』一〇〇巻本の八割方が関東大震災で灰燼に帰してしまったため、また昌益の著作の執筆年代が確定していないため、以下の論は推定を含んでしまいますが、とりあえず現在、参照しうる限りでのものを基に、検討を進めてみたいと思います。

昌益の著作及び執筆年代・執筆時期は、研究者間で多少の意見の相違、表記の相違はあるものの、この間の研究で大きく初期・中期・晩期の三時期に分けられ、現存するそれぞれの著作は以下のように分類されるものと見られています。

初期:『博聞抜粋』『暦之大意』『確龍先生韻経書』など、八戸資料(『暦之大意』には「延享二」年の年記がある)。

中期:『統道真伝』四巻五冊(「糺仏失」巻には「宝暦二」年の記述がある)。刊本『自然真営道』

前篇三冊（神山仙確の序文に「宝暦二」、奥付に「宝暦三」とあり、出版は京都で宝暦三年、江戸で同四年と見られる）。稿本『自然真営道』の一部（当初は「学問統括」と題したシリーズ本で、その序文に「宝暦五」年とある）。以上、三つの著作は、いずれも五行論で一貫している。

晩期：稿本『自然真営道』「大序」「人相巻」「法世物語巻」「真道哲論巻」（「良演哲論巻」）など、四行論段階のもの。

これらの著作のうち、初期と晩期のものにはそもそも「愛国」的表現が殆ど見られず、「愛国」的表現は中期の著作に集中しているため、初期と晩期の著作については、ここでの考察からは除外しておきたいと思います。

因みに初期について言えば、延享期の昌益と八戸の知識人との交友記録を収めた天聖寺《てんしょうじ》第一〇世住職・延誉上人の『詩文聞書記』には、昌益を指して「濡儒安先生」「大医元公昌益」とあるところから、昌益は周囲から儒教の教養に溢れた医者＝儒医として見られており、同じく八戸に残る『儒道統之図』では後に徹底的に批判の対象となる儒教の祖・孔子について「大成至聖文宣王」と最大級の賛辞を贈り、「今に中国に於て之れを傳ふること万々歳」とあるところから、当時の昌益は儒教信奉者、中国傾倒者と考えられ、初期の著作に「愛国」的表現が見られないのも、当然と言えば当然と言えるでしょう。

次に、中期の五行論段階の刊本『自然真営道』『統道真伝』『学問統括』（現存する稿本『自然真営道』第一〜一〇巻）の執筆年代の前後関係についてですが、あいにく現状では研究がそこまで進んでおらず、確定的なことが言えない状況にあります。

たとえば『統道真伝』について言えば、上述のように、「糺仏失」巻の本文中に「宝暦二」年との記述があるものの、首巻である「糺聖失巻」にも末巻である「万国巻」にも年記がなく、執筆開始時期も完成時期も確定できない状況にあります。ただ言えることは、「万国巻」末尾に「統道真伝畢《おわり》」とあり、狩野亨吉が発見当初の錯簡を正して、『統道真伝』四巻五冊を「糺聖失」「糺仏失」「人倫巻」「禽獣巻」「万国巻」の順に並べ替えたことからも分かるように、『統道真伝』内部の執筆時期はこの巻順になされたものと思われます（因みに岩波文庫版の『統道真伝』は錯簡が正されておらず、「万国巻」が第四巻、「糺仏失」が最終巻となっています）。

次に、刊本『自然真営道』ですが、上述のように神山仙確の「序」文に「宝暦二壬申十月」、奥付に「宝暦癸酉三」とあるところから、当時の出版事情（版木の作製や出版許可の取得等）からすると、執筆時期は宝暦以前に遡るかもしれません。

最後に稿本『自然真営道』について見てみると、第一巻冒頭の「序」に「宝暦五乙亥二カ月」とあるところから、今でも一部では稿本『自然真営道』一〇〇巻本の完成時期が「宝暦五」年であるかのような誤った記述をしたものが見られますが、この「宝暦五」という年記は、『学問統括』シリーズ（稿本『自然真営道』第一巻〜第一四巻）の総仕上げとしての「字書巻」の完成時期を示唆するものではあっても、稿本『自然真営道』一〇〇巻本の完成時期を示すものではありません。稿本『自然真営道』一〇〇巻本は、私がこの間、安藤昌益「遺稿」全集と呼んでいるように、おそらくは昌益没後に高弟・神山仙確が追悼の思いを込めて昌益の遺稿を一〇〇巻に編んだもので、編集・浄書年代は未だ確定することができません。ただ、「大序巻」や「法世物語巻」「真道哲論巻」及び「人相巻」、写本の残る医学書部分は四行論で一貫しており、「宝暦五」年の『学問統括』の序文執筆以降、昌益の論理構成が五行論から四行論に移行して以降に執筆されたものと思われます。

といった按配で、中期の五行論段階の著作については、執筆年代（思想の到達段階）がきちんと確定できない怨みがあります。とはいえ考察を放棄するわけにもいかないので、以上の前提を踏まえた上で以下、昌益の「愛国」的表現について、考察を加えていきたいと思います。

まず押さえておかなければならないこととして、狩野が「いたましい程」「極端」であると見た、激越とも思われる「愛国」的表現が横溢しているのは、『統道真伝』「糺仏失」巻のみで、『学問統括』（稿本『自然真営道』）の「神書巻」「仏書巻」などでは、内容的には重なるものがあるものの、「糺仏失」巻のように「極端」な「愛国」的表現は見られません。

では、次に『統道真伝』「糺仏失」の「愛国」的表現を見てみましょう。昌益は、聖徳太子が仏教を日本に引き入れ、仏教・儒教に事寄せて『旧事記《くじき》』『日本紀』『古事記』という神道の古典（三部の神書）を編んだと考えたため、聖徳太子こそが日本に乱世をもたらした張本人であるとして、物部守屋の口を借りて、口を極めて太子を弾劾します。

「太子、日本は神明の初発・具足の国なるに、遠く、竺《じく》の私法の妄失なる儒・仏を引き入り、五常の失言に因《よ》りて武門威を増し、日本神胤の皇威衰《おとろ》ひ、武門は日々に盛んに、皇門は日々に衰ひ、太子皇族に生まれて、儒を用ひて此《かく》の如《ごと》き妄逆に至らしむ、是れ太子の大罪なり。且《か》つ、仏法を信じて大寺を建て僧を崇《あが》め、始めて仏法を弘《ひろ》めしめ、神道の行事を無《なみ》し、悉《ことごと》く仏僧の私法に埋《うず》まれ、神胤の皇氏の行条を僧等に私法の塗炭と為し、仏法は日々に盛んに神道は日々に衰微し、都鄙《とひ》一般に仏法の世と為し、不耕貪食の僧尼《そうに》・非人・乞食、多満して終《つい》には乱世と為し、治まるに似て僧奢《おご》り、費《ついえ》ひ多端にして又、乱世となる。

是《こ》れ皆、太子の怨《あだ》なり。且つ、神書を作るに仏書の意を仮り、浅計為《あさはかな》る戯事《ざれごと》を『旧事紀』『古事紀』『日本紀』の三部の経と為し、皆、自然に非ざる私法の失りなり」（『全集』第九巻、166〜167ページ）

「夫《そ》れ日本国は天照太神正統の発国、転定《てんち》の東、天神初発の神国、万国の本なり。故に、人の行《おこな》ひ能《よ》く耕し、人の心正直にして謀巧・邪佞《じゃねい》無く、転神の加護、諸神の域感にして、五穀豊穣・人情濃和して、言語・神感能《よ》く、転道の妙理自《ひと》り見《あら》はるる神愛・人和の正国なり。故に神人一和の国にして、神胤の君の和光の温徳を自胱《じこう》し、無奢・無乱・和農・盛耕にして直に神教の明国なり。故に神徳を仰ぎ、神心を正し、和愛・穏耕する則《とき》は、上下和感して永劫《えいごう》無乱にして農豊・穀聖の神国なり。是《かく》の如《ごと》くの神霊の和国に何の不足有りてか、遠く異国の利己の私法の儒・仏を用いんや」（『全集』第九巻、224ページ）

そして、こうした儒教・仏教の弊害をどのようにして防ぎ、どのようにして本来の日本の姿・真面目《しんめんもく》を回復するのかといった点については、次のように言っています。

「漢土の儒法、之《こ》れを用ゆるに足らず。速《すみ》やかに之れを焼滅するか、然《しか》らずんば百済国に追ひ返し、宜《よろし》かるべし」（同227ページ）「予《われ》……空海・最澄が時に生まれたる者なれば、入唐して儒・仏書を之れを反戻《はんれい》し」（同250ページ）

つまり、「焼滅」するか「追ひ返し」＝儒書・仏書を「反戻」することが求められています。ただ、残念なことに、「恚《うた》きかな。何乎《いつか》、此の妄惑を去りて自然の世と為さん。自然の十気《とき》を待つのみ」（同259ページ）と言って、幕府の鎖国政策により海外渡航が厳重に禁じられている圧倒的な現実の前に、「自然の世」の到来を夢想しながらも、待機主義に陥ってしまいます。

一方、執筆時期は不明ながらも、明らかに宝暦二、三年以降と思われる『統道真伝』本書分であり最終巻でもある「万国巻」では、先に引いた日本についての記述とほぼ同内容のものが次のように記されています。

「日本国は定《ち》の東の隅より東に偏し、四方皆離れて嶋国なり。日輪北転に升《のぼ》り極まる夏至の路より三十二路、北に偏《かたよ》る国なり……故に日の本と呼ぶなり。気行の初発・小進気なる故に、生ずる所の産物に大毒の物無く、又勝《すぐ》れて大功なる能物無し。五穀は小粒にして能《よ》く生ず。金・銀・銅・鉄は国用に満ち、諸木・財木は国人に足り、相応の服薬の草木足り、他国の物を用ひずとも、凡《すべ》て不自由無し。業事は耕食・織着して、産物能く生じて敢《あえ》て不足無く、今にも他国より来る迷世・偽談の妄経を省き去る則《とき》は、忽然《こつぜん》として初発の転神国の自然に帰して、永永、飢饉・寒夏・干秡《かんばつ》・兵乱等の患《うれ》ひ無き安住国なり……此の故に此の後、明日にも他来の偽語の妄業を潰廃する則は、乃《すなわ》ち廉正の神道に帰し、日本国に於《お》いて無患・正廉の神国の正本たり」(『全集』第一二巻、82〜84ページ)として、「転神国」「神国」や「廉正の神道」といった表現はあるものの、「糺仏失」巻にあったような国学者・神道家ばりの尊王思想・神国思想、つまり「天照太神の正統の発国」とか「万国の本」、また「神胤の皇威」「神胤の皇氏」の「衰微」を慨嘆する狂信的な表現は影をひそめ、極めて客観的・抑制的な記述に終始しています。

因みに「廉正の神道」とは、「自然に具はる所の初発・小進・廉正の神道」(同83ページ)とあるように、言葉は「神道」とあっても、内容的には「自然真営道」そのものであり、自然界の存在法則に則った生き方、「直耕」を尊重する生き方を意味しており、国学者・神道家流の「神道」とはまったく別のものです。

そして、本来の日本の姿(正廉の神道・正廉の神国)を回復するための方策としては、儒書・仏書を「焼滅」したり、儒法・仏法を輸入先である漢土や百済に「追ひ返し」たりするのではなく、「妄教を省き去る」こと、「妄業を潰廃する」こと、日本の地で「省き去」り「潰廃」することが目指されています。

このように、また山崎さんが言われるように、「昌益思想の根底には外国思想によって被害を被った被害者意識がある」(前掲書282ページ)ことは事実ですが、「昌益思想の歴史的・思想的立ち位置は、神道家・国学者と同じような、外国思想に対抗する強いナショナリズム・神道論にある」（同）かどうか、「昌益の著作の大部分が外国思想への批判で埋め尽されている」（同）かどうかは、大いに疑問です。その点を以下で見てみましょう。

昌益の自国認識の変化について

さて、『統道真伝』四巻五冊は、稿本『自然真営道』一〇〇巻本の構成と同じように、前半に伝統イデオロギー批判である「糺聖失」「糺仏失」が置かれ、後半に自論の展開である本書分の「人倫巻」「禽獣巻」「万国巻」が置かれるという構成になっています。

そして、「糺仏失」巻第四二章「漢土禅法の始まりの論」の冒頭で二ヶ所、「宝暦二壬酉年」との記述があることから、宝暦二年ないし三年に昌益が「糺仏失」巻を執筆していたものと見て間違いはないでしょう（なお、「壬酉」という干支はなく、宝暦二年が「壬申」、宝暦三年が「癸酉」であることから、昌益が両者を混同した記述ミスと思われます）。

ところで、宝暦二、三年と言えば、仙確が刊本『自然真営道』の序文を執筆し（宝暦二）、奥付に「宝暦三」とあるものの、共同出版者の一人、江戸の松葉屋清兵衛が共同出版から降り、奥付からその名の削除を余儀なくされ、「暦道の自然論」が「国国自然の気行論」にと本文の一部がタイトルも中身もまったく違ったものに差し替えを余儀なくされた、いわば出版弾圧に遭遇した時期とちょうど重なり合います。満を持して初の出版に漕ぎつけた昌益が、また常に権力の在り様に強い関心を持っていた昌益が、出版弾圧に遭遇して、その世界観に、その思想に何の影響も受けなかったとは、考えにくいのではないでしょうか。

いずれにしても、「糺聖失」「糺仏失」という伝統イデオロギー批判の後に執筆されたと思われる『統道真伝』の本書分、「人倫巻」「禽獣巻」「万国巻」には、昌益思想の神髄とでもいうべき、視界の広がりと思索の深まりとが明らかに見てとれます。

「人倫巻」第六章「人始めて生ず」には、人類の誕生と環境とのかかわり、その中での道具の発明を通した知的発展の歴史、つまり人類史が述べられています。

本書「安藤昌益の生命論」(108～110ページ)、「安藤昌益の平等論」(168～169ページ)でも既に見てきたところですが、重要な点なので、再度、引用して確認しておきたいと思います。

「人初めて見《あら》はるるに、裸にして養《やしな》ひを為す者無し。父母は転定《てんち》にして、食衣は米・五穀・麻・綿なれども、之《こ》れを制して養ふ者無し。虫すら草木に生ずれば草木の葉を食《は》んで巣を作りて居《きょ》す。況《いわん》や通妙の人、何ぞ食衣に患《うれ》へんや。未《いま》だ見はれざる前《さき》に穀・麻生じて有るなれば、乃《すなわ》ち穀を得て之れを食す……見はる時は今の赤子《あかご》の如きには非《あら》ず。裸にして小人なり。然《しか》れども未だ腹中に食気満たざる故に、未だ交合の念を知らず。惟《ただ》食を尋ねて食《くら》ひ水を飲む。日を暦《ふ》るに随ひ堅身して、男は女を愛し、女は男に随ひて転定の道に外《はず》れざるなり。是《こ》れ、転定に具《そな》はる穀精の人なれば、自然の妙徳なる故に、穀を食《くら》ひ麻を織るの事業、之れを知ること自然なり……五穀・衆穀、木・火・金・水・土、人の巽前《いぜん》に具はり、此《こ》の初めて見《あら》はるる人の目前に満つる故に、穀を食ひ水を飲み、五体壮堅と為り、事業を知ること自《ひと》り具はるは、自然真の自感なれば、更に敢《あえ》て不自由の事、曾《かつ》て之れ無し。木を取りて家を作り、麻皮の類を以て衣と為して風雨・寒暑を凌ぎ、日火の照熱と身の煖《あたた》か成る、之れを以て木中に火有ること自り知り、石中に火有ること吾《わ》れと知り、乾草《ほしくさ》の燔《も》え易きこと自り知り、高山の頭《いただき》の常に火を発することを知り、終《つい》に木を磨《す》って火を得、木を燔やして寒に煖まり、夜を照らし、身用を弁《わきま》ふ。金は土中・石中に埋まりて土外に見《あら》はれず、堅気を以て転定・人・物の体身を堅め之《こ》れを主《つかさど》り、人用たるべからずこと、自り之れを知る。壁土を以て器を作り、火に焼きて堅剛に為す……耕農・織衣・作家の道の自《おの》づから成ること、土を焼きて堅器を以て煮熟して安食安衣の用足ること、人の日用に於いて不自由すること無し。自然の妙行は忝《かたじけな》きかな」（『全集』第一〇巻、98〜102ページ）

そして「禽獣巻」第二章「人面不同」では、万万人の同一（人類としての共通性・普遍性）と万万人の不同（個性・多様性）、つまり個と全体の弁証法を説き、第三章「転外の有無」では、宇宙外宇宙の存在の問題を唯物論的に解くというように、壮大かつ根源的な論を展開し、「万国巻」第九章「万国の産物・人品・言語」に至って、この地球上の文明史、各国史が述べられていきます。先に引用した日本国の記述は、そうした各国史の筆頭に置かれた、日本の地理的位置と日本の歴史についての記述の一部です。

因みに、『統道真伝』「万国巻」ではありませんが、昌益が日本神話＝記紀の記述をどのように見ていたかを『学問統括』（稿本『自然真営道』前半部）の「私法神書巻」で見てみましょう（あいにく「私法神書巻」と『統道真伝』「糺仏失」巻との執筆時期の先後関係はいまだ不明ですが……）。昌益は、「神の世は即ち人の世なり、人の世は神の世にして」（『全集』第五巻、337ページ）と喝破して、次のように述べています。

「畢竟《ひっきょう》、所謂《いわゆる》、国常立《くにのとこたち》（尊《みこと》）とは国を定むるなり。国狭槌《くにのさつち》とは国国の境を狭む。豊湛渟《とよくむぬ》とは優《ゆた》かに河川堤を定むなり。泥土煑《ういぢに》・沙土煑《すいぢに》とは屋敷を堅むるなり。大戸道《おおとのぢ》（尊）・大苫辺《おおとまべ》（尊）とは家を作り、戸・竈《かまど》・窓の道を通し、苫《とま》・茅《かや》の類を以て屋上を葺《ふ》き、家居を極め、面足《おもたる》（尊）とは人間の面目を調《ととの》え、用事悉《ことごと》く足り、惶根《かしこね》（尊）とは天神を惶《おそ》れ心根を慎み、是《かく》の如く万国・万家・万人、夫婦・夫婦、男神は透《いざな》い来れば女神は透われ順《なび》き和合して、毎家の夫婦、直耕して子を生じ、無欲にして安泰、安食・安衣して、更に乱世・治世の苦しみを知らず」（『全集』第五巻、261～262ページ）

つまり、記紀の神話に登場する神々を国学者・神道家のように神々として崇めるのではなく、日本列島弧における「直耕の衆人」による村落共同体の形成史と解しているのです。

そして「万国巻」第九章「万国の産物・人品・言語の論」では、日本国を筆頭に、東夷《とうい》国（アイヌモシリ）、朝鮮国、漢土国、北狄国（女真・韃靼等、北東アジア）、天竺国（南アジア）、阿蘭陀国、西戎国（チベット・トルコ等、中央および西アジア）、南蛮国（東南アジア）、烏嗎《うば》国（オーストラリア北部か）について、地理的位置や広さ、気候・風土、産物・人々の身長や言語・

風俗などについて記述していて、情報量にむらはあるものの、鎖国下という情報統制の厳しい中では異色の「世界地理」書となっています。

「万国巻」における昌益の記述が何を典拠にしているかは、これまた研究が進んでおらず、わずかに岩波文庫版『統道真伝』を監修し書き下された奈良本辰也さんが『天竺徳兵衛物語』について指摘しているだけですが、いずれにしても昌益在世以前の「世界地理」書といえば、西川如見の『華夷通商考』『日本水土考』や新井白石の『西洋紀聞』『采覧異言』ぐらいしかなかったことを思えば、昌益の「万国巻」の存在は封建制下の世界地理書の歴史の中でも異彩を放っているということができるでしょう。

中でも異色なのは東夷国の件《くだ》りで、アイヌ民族の自然と共生した在り様を「乱世無し」と評価しつつ、シャクシャインの蜂起の原因を和人による侵略と搾取・収奪に求め、「松前の方より犯掠《はんりゃく》無き則《とき》は貪り到ること無く、犯し掠《かす》め有る則は蜂起有り。是れ、夷人の罪に非ず」（『全集』十二巻、92ページ）と言って擁護したり、漢土国における女真族による明の滅亡と清朝の建国を「華夷変態」として、従来の華夷秩序――中華帝国の側から見るのではなく、「是れ、戎・狄の私を以て之れを為すに非ず、本、聖人に起る」（同104ページ）、「中国の聖人、中国の四端を呼んで東夷・南蛮・西戎・北狄と号し、常に此の北狄国は禽獣に近しと教談の譬言に為す。終《つい》に北狄の者之れを聞きて、我等の国は本、北狄の名無し。聖人と云う者の北狄と名づけ禽獣の如しと我等を嘲《あざけ》る、私の妄言なりと一動に怒り大いに蜂起を為す」（同103ページ）と、シャクシャインの蜂起同様、これまた被抑圧民族の側に立って捉えているのです。

そして「万国巻」の情報の多くを負っている、昌益の「門人」であり、「長崎商船奉行の下役」である「京人某」を通して得た情報には、「聖釈利己の妄教」の歴史的推移――漢土における儒教の衰退、天竺における仏教の衰退といった、昌益の自国認識の変化をもたらしたであろう貴重な情報も含まれています。

「▲密《ひそ》かに通《つうじ》を以て唐人に親しみ、●漢土に行《おこな》はるる仏法を問ふ……本《もと》、漢土の仏法は後漢の明帝に起り……仏法は天竺に起れども敢て繁栄すること無く、諸宗旨無く、漸《ようや》く衰廃に及ぶ……梁の武帝に至り達磨《だるま》来りて禅宗を弘《ひろ》む……不耕貪食の僧徒多く成り、乱世と為ること数々《しばしば》累《かさ》なり、其の余溢《よいつ》朝鮮に伝ひ、又溢れて日本に行く……明の世異前より別して仏法を疎《うと》んじて、故に知者・道人も無しと評す。明僧、悟道の唱《とな》へも無く、妄廃と見ゆ。故に、僧等乱惰にして女姪に泥《なず》み肉食を好み、己れが家法を恥づること無し。此の如くなれば、不時に起り来る偽法なれば、自《ひと》り滅散の期遠かるべからずとは、世《ご》の風評なり、と云ふ。

▲又通《つうじ》を納《い》れて儒学の行廃を問ふ。●又咄《はなし》に曰く……世上の評には、宋・唐の世迄《まで》は、文学盛んに韻学に遊び儒学と号し、仏学を誹《そし》り又誹られ、互ひに正道に非ず。是れ、中華の学問も本《もと》、推して私を以て上に立たんが為の制法なれば、転の正道に非ず……人之れを感知して、聖人の道と云ふ勢ひ無く、学問は明朝より以来《このかた》、是れも廃れ繁華に行はれず……▲之れを以て之れを按ずるに、今の世、漢土に於て儒・仏の二法共に私術にして転の正道に非ずと、人各々自

づと感知すと見へたり……故に、興廃無く常に貴き者は自然の神なり。虚談は信用すれども必ず自《ひと》り敗れ廃る、実語は廃れ用ひずとも、必ず廃るること無くして自り成る。是れ自然の為す所なり。故に聖釈の教法は利己の為の虚失なれば、信用すること盛んと雖《いえど》も、必ず自り廃る期あり。嘆《ああ》、恐るべくして慎むべきは、自然の真道なり」（同、130〜134ページ）

こうして儒教・仏教の興廃を、書物を通してではなく、生身の人間の口を通してリアルに確認した昌益は、オランダ社会の在り様を通して自己省察を深め、「神国」としての自国認識を相対化し、内省化し、さらには自己批判をするまでに至ります。

「阿蘭陀《おらんだ》の如きは此の如くに非ず……貪り争ふこと無き故に無乱の国なり。漢土・天竺・日本より西戎の如く之れを賤《いや》しむと雖も、始国より永永兵乱・争欲之れ無きに於て、妄欲・乱盗・争戦無止の漢・竺・和の三国の及ぶ所に非ず。故に阿蘭陀人、三国を嘲笑して曰く、天竺は天竺一国中に国を争ひ兵乱し、国を奪ひ奪はれ、奪ひても奪はれても一国は一国の天竺なり……日本又、然《しか》り。僅《わず》かの小嶋にして、或いは奪ひ又奪はれ、三国共に同じ幕中の喧嘩なり。奪ひても其の国に住み、奪はれても其の国に住み、奪ひ得る者は上と為り、奪はれし者は下と為り、僅かの上下を争ふは妄りに小児の戯れなり、と之れを嘲《あざけ》り笑ふと云へり。宜《むべ》なるかな。此の阿蘭陀の言《ものい》いは、誠に転言に近し」（同、140〜142ページ）

「▲婚姻の道は当に正なり。已《すで》に妻《めと》を娶り、一たび嫁して後、男は他女に交《まじ》はらず、女は他夫に見《まみ》へず、互ひに夫婦の愛情を守り、全く他情無し……漢土・天竺・日本の如く、妻の外《ほか》に妾《めかけ》を決《さだ》め之れに交はり、之れに倣《なら》ひて又妾の外に多女を抱へ置き、王は官女と名づけ、侯は休《やすみ》所《どころ》と名づけ、以下は腰本《こしもと》と名づけ、本妻に妾、妾に官・休・腰と女に女を附けて之れに交はり、倣ひて下俗に至るまで妻の外に隠女《かくしおんな》を抱《かか》へ、妄婬して猶《なお》飽きたらず他女に交はり、密通・間夫《まぶ》狂《ぐる》ひ・遊女は市都の外に満ち、遊婬・交通の業、妄狂して辱《はじ》を忍《しの》ばず。敢て禽獣の交合に異なること無し。是れ、阿蘭陀の為に大辱恥に非ずや」（同、142〜143ページ）

おわりに

以上、駆け足で原典を辿り、見てきましたように、同じ中期の著作である四巻五冊の『統道真伝』の中でも、最終巻・第四巻の「万国巻」では、第一巻下に相当する「糺仏失」巻に見られた「天照太神正統の発国」「神胤の君」といった国学者・神道家まがいの民族主義的な「愛国」的表現、国家神道に道を拓くようなエスノセントリズム的な自国認識を脱した「国際人」としての自国認識が見られます。筆者が二〇一七年一〇月、大館と秋田で講演した際のタイトルを「江戸の地球人・安藤昌益――ナショナリストから国際人へ」としたのも、このためです。

筆者が先に、山崎さんの「昌益思想の根底には外国思想によって被害を被った被害者意識がある」との指摘に対しては同意したものの、「昌益思想の思想的立ち位置は、神道家・国学者と同じような、外国思想に対抗する強いナショナリズム・神道論にある」という位置づけに対して、また「昌益の著作の大部分が外国思想への批判で埋め尽くされている」という記述について、疑問を呈しておいたのもこのような問題があったからです。

山﨑さんもそうですが、故・三宅正彦氏及びその門下生の問題点は、若き日に悟りまで開いた仏教徒から儒医（儒学者）に転身し、さらには儒学者から国学者・神道家に接近あるいは転位し、その後に既成の学問のすべてを批判しそれから脱皮し、「自然真営道」という独自の、ある意味では世界史的に見ても稀な、壮大かつ深淵な思想を構築した安藤昌益の思想的な格闘、思想的成長（深化・発展）を見ずに、ある一時期の昌益の言説をもって、昌益が生涯そうした思想を持ち続けていたかのように言い募り描き出す、研究姿勢の在り方に問題を感ずるからです。こうした研究姿勢は、思想研究において陥りがちなある種の通弊ではあっても、本来してはならない不誠実な研究態度と言えるでしょう。筆者が三宅一門の業績に対して「木を見て森を見ていない」と、繰りかえし指摘してきたのも、まさにこの点にあります。

なお、「万国巻」にはこの他にも、「外国思想」であり、日本社会を汚染してきた元凶である儒・仏を、唐・天竺に「追い返す」のではなく、日本のこの地で「省き棄てる」「潰滅する」具体的方策としての自己変革を綴った「新道妙弁の論」とか、昌益思想の精髄とも言われる「大序巻」でも展開されている、人家の炉・竈に宇宙の存在法則が凝縮している旨を綴った「転定・人身・生死は常に炉中に在るの論」といった魅力的な章もありますが、紙幅の関係で本稿では省かせていただき、他日を期したいと思います。

4　安藤昌益が見た江戸期の権力構造

はじめに

二〇一〇年は韓国併合—朝鮮の植民地化、大逆事件—社会主義運動への弾圧、という日本近代史を画する不幸な事件が起こった年、一九一〇（明治四三）年から数えてちょうど一〇〇年という節目の年に当たる。では、私たちはこの二つの不幸な事件を歴史的にきちんと総括し、次世代へあるべき方向を示し得ているであろうか。

韓国併合一〇〇年については、この間の市民運動の中で出会った「韓国併合」一〇〇年市民ネットワークや「韓国強制併合一〇〇年共同行動」日本実行委員会などの主催する各地での集会があり、筆者もそのいくつかに参加し、多くの知見を得ることができた。また、事実上の国営放送とも言えるＮＨＫが、生前の故人の遺志に反してまでして、三年がかりで「坂の上の雲」を制作・ＴＶ放映するところから、「坂の上の雲」の持つ問題性、さらには著者である国民的作家・司馬遼太郎の歴史観の問題性、ドラマ「坂の上の雲」の問題性が種々取り上げられる中で、韓国併合をはじめとする日本近代史の歪《ゆが》みがそれなりに明らかになってきている。

一方、大逆事件については、筆者の日ごろの運動圏ではあまり接点がなく、また記念集会にしても各地でいくつか持たれたようだが、日程的な問題もあってまったく参加することができなかった。大逆事件をめぐるこうした記念行事・記念集会の持たれ方自体が、おそらくは大逆事件と天皇制にまつわる今日の困難性を暗示しているものと思われる。

そうした意味では、「変革のアソシエ」第二回年次総会に併せて開催されたシンポジウム「韓国併合一〇〇年――今、日本を問う」で立命館大学・コリア研究センター長、徐勝《ソスン》さんが小林多喜二や横浜事件、吹田事件などを例に取りながら「日本のように一応、『文明国家』といわれる国で、かつての国家犯罪、あるいは国家が犯した過ちに対して何も措置をとってこなかった例はないのです……自ら過去清算をしていない日本に対して、東アジアの人々が、日本に対して、かつての国家犯罪を清算することを期待できるでしょうか」と発言されていたが、その点を鋭く衝いていたものと言えよう。

つまり、本来であれば韓国併合と大逆事件という同じ年に引き起こされた対外・対内の二つの国家犯罪――それは偶々同じ年に引き起こされたものではなく、相互に密接に関連しているはずである――を一体の問題として論議する場が必要であったにもかかわらず、筆者は寡聞にしてそうした取り組みのあったことを知らない（あるいは大逆事件関係の集会で、そうした点が論議されたのかもしれないが）。とすれば、韓国併合一〇〇年に関する論議も、先に書いたような「日本近代史の歪みがそれなりに明らかになってきている」どころか、まだまだ未解明で不十分なレベルにあると言わざるを得まい。

近年の『日本思想史辞典』に見る昌益像

では、発見者・狩野亨吉が、韓国併合・大逆事件の直前とも言える一九〇八（明治四一）年の段階で、「この人（安藤昌益）の哲学観が一種の社会主義、または無政府主義に類しているから、今の思想界にこれを紹介するは、面白くあるまいとの懸念」を抱きつつ、ある意味では危険を冒してまでして情報の提供を世に問うた安藤昌益は、「天皇」の問題をどのように捉えていたのであろうか。いやそもそも、江戸中期を生きた昌益にとって、天皇の問題はテーマとなっていたのであろうか、あるいはなりえていたのであろうか。その点について以下、「安藤昌益が見た江戸期の権力構造」と題して検討してみたい。

安藤昌益（一七〇三〜六二）は、徳川幕藩体制を徹底的に批判した思想家として知られているが、その実態は必ずしも明らかではない。たとえば、狩野亨吉によって「日本の国土が生んだ最大思想家にして、世界思想史上にも特筆すべき人物」と評され、戦後、昌益の名が人口に膾炙するまでになった最大の功労者、岩波新書『忘れられた思想家――安藤昌益のこと』の著者として知られるH・ノーマンによって「徳川時代の日本社会を客観的かつ批判的に観察し、それを解体しつつある体制と見たただ一人の社会政治思想家」「専制と抑圧の断固たる敵として……幾百千万の無告の同胞を代表する熱烈な代弁者」と評された、安藤昌益の現時点での評価は必ずしも高いとは言えず、面妖な昌益像が跋扈している。

たとえば、歴史教科書や多くの歴史書の出版で知られる山川出版社の『日本思想史辞典』（二〇〇九年）には、執筆者は不明ながら「昌益の思想は封建領主制・主従制を否定した点で先進的意義を有しているが、民族・性・障害者・被差別身分などへの差別を内包していた」とあり、「一八世紀前半の気一元論・神仏分離論・尊王斥覇論の展開に立って……中国の王が人民の生産物の収奪者であるのと対立的（に）……農業は人の直耕で天照大神が開始し歴代の天皇が人民の間に普及させた」と、差別主義者・尊王論者として紹介されている。

また、同じく歴史書出版で知られるぺりかん社の『日本思想史辞典』（二〇〇一年、子安宣邦編）でも、見城悌治氏の執筆により「現社会が『二別』からなることを徹底的に批判し、四民制、男女関係などの支配・被支配関係に鋭い指摘がなされている……しかし、儒仏を否定しても自然神道は礼賛し、異民族差別を内包している点、家父長制を肯定している点、理想社会実現の方途を示していない点などが昌益思想の問題点として指摘されている」とあり、やはり神道論者・差別主義者として描かれている。

こうした歪んだ昌益の位置づけ、ないし捏造された昌益像は、おそらく朝日新聞社の『朝日日本歴史人物事典』（一九九四年）や雄山閣出版の『ヴィジュアル百科江戸事情』第四巻「文化編」（九二年）、小学館の『日本大百科全書』（八四年）の安藤昌益関連の項目を執筆された愛知教育大学名誉教授、故・三宅正彦氏の昌益評価に負っているものと推察される。

山川出版社やぺりかん社が何故、これら学者先生に昌益の項の執筆を依頼し、また、これら学者先生がそろいもそろって昌益の原典に自ら当たることなく、三宅説を無批判に踏襲というよりは孫引きして済ませているかは、日本の学問研究の在り方・日本の学者先生の在り様を考える上で、それ自体、誠に興味ある問題ではあるが、本稿の主題と外れるのでここでは割愛せざるを得ない。では、これら怠慢かつ無責任な学者先生は擱《お》くとして、典拠となった肝心の三宅説の妥当性はどうであろうか、まずはこの点から検討してみたい。

『日本大百科全書』には次のようにある。「昌益の思想は、気一元論、社会変革論、尊王論を特色とする……昌益は中国の王を否定するが、日本の天皇は収奪者ではないとして尊ぶ。神仏混淆など後世の神道を否定しても、天照大神の神道は『自然』の体現者として尊ぶ。昌益の思想傾向のうちに尊王斥覇の系譜を見落としてはならない」。また、『ヴィジュアル百科江戸事情』には、「昌益は……神儒仏習合以前の自然神道と万世一系の天皇を尊び、儒教の聖人や王朝が交代する中国の王を批判した。武家の主従間差別や武士による農民収奪を否定したが、女性差別・民族差別・部落差別・障害者差別などは昌益の思想に内包されており、家父長制も肯定している」と、ある。

三宅昌益論の問題性

三宅氏の尊王論者・昌益が虚像・捏造にすぎないことは、昌益の過渡期論「契う論」の

「上」の解釈の変遷を見ても明らかである。氏は一九七二年段階では「『上』が具体的にはどのような人物にあたるのか、昌益は語っておりませんが、おそらく将軍のことだろうと思われます」と言っていたにもかかわらず、七六年段階では「〝上〟は将軍ではなく、明らかに天皇のイメージに重なる。ただ……〝上〟の地位は万世一系的にはとらえられていない」となり、さらに七七年になると、「上とは天皇にほかならず伝統的・神的な総領的権威を持続する天皇に総領主的最高権力を与えることによって、昌益は幕藩国家の現実的総領主＝将軍の最高権力を事実上否定する」として、一八〇度逆転した解釈、位置づけを行っている。しかも、こうした解釈の変遷が、昌益の原典に基づいたきちんとした論証によっているのであればまだしも、「おそらく」「イメージに重なる」といった台詞がいみじくも露呈しているように、単なる氏の思い付き、思い込みによって将軍だったり、天皇だったりと、「上」を規定しているにすぎないのである（本件に関しては、拙著『昌益研究かけある記』所収「再び三宅正彦氏の昌益論を批判する」を参照されたい）。

それればかりか、昌益の「女性差別・民族差別・部落差別・障害者差別」や「尊皇論」といった歪んだ昌益像、捏造された昌益像についても、三宅氏自身による昌益の原典に則したきちんとした論考があるわけではなく、いずれも自らが主宰していた愛知教育大学哲学教室日本思想史研究ゼミの学生や大学院生の卒業論文、修士論文に負っているにすぎないという無責任な立場にある。これら卒業論文、修士論文は、三宅氏が愛知教育大学に在籍していた八〇年から九八年にかけて『日本思想史への試論』と題してほぼ年次毎に秋田市のみしま書房から刊行され、その後、二〇〇一年に各論文の抜粋が論集として編まれ、『安藤昌益の思想史的研究』と題して岩田書院から単行本化されているので、同書を元に本稿のテーマである昌益の「尊王論」について見てみたい。

昌益の「尊王」論に関連しては、現在、目白大学教授をされている早川雅子氏による「安藤昌益の社会変革論における支配者像――中国の王と日本の天皇」や小学校教員の犬飼暁雄氏による「安藤昌益の天皇観」があるが、いずれも昌益の原典に即した緻密な論考であるかのように見せかけながら、実は指導教官である三宅正彦の「上」論に合わせて論が組み立てられており、きわめて偏頗で恣意的な論文となっている。具体的に言えば、昌益が「大が小を食らう」弱肉強食の身分制社会の頂点に位置する存在として天皇を位置づけ、「不耕貪食」の徒――収奪の頂点に位置する存在として、口を極めて糾弾する天皇については、意図的にか無意識的にかは不明ながらも、両者ともに考察の対象から外しているのである。「王（天皇）」批判をする昌益の原典（稿本『自然真営道』巻二四「法世物語」巻）については口をぬぐったまま、それとはまったく逆の「尊王」論者と結論付けられてしまったのでは昌益も浮かばれまい。筆者が捏造された昌益像と呼ぶ所以である。

安藤昌益の見た江戸期の権力構造

前置きがだいぶ長くなってしまったが、以下、本論である「安藤昌益が見た江戸期の権力構造」について見てみたい。作家・杉浦明平氏が岩波新書『維新前夜の文学』（一九六七年）で、スウィフトの『ガリヴァ航海記』を引きながら「スウィフトが馬や巨人、小人やによって現代を痛烈に告発したように、安藤昌益は鳥獣虫魚たちをして現代社会の本質を剔抉させようと欲する……非人間によってしか語りえぬゆえに鳥獣虫魚の姿を用いて物語るという鳥獣譚本来の任務が果たされることも、日本文学史上ではじめておこった事件」である、として高く評価される稿本『自然真営道』第二四「法世物語巻」は、謹厳実直居士として知られ、「無愛想かつ無修飾」な昌益の文章にしては珍しく、ユーモアに溢れた滑稽譚となっている。「法世物語」とは、法度、法度で人々を締め上げる「法の世」、つまり徳川身分制社会を鳥獣虫魚の口を借りて批判したもので、「諸鳥会合して法世を論ず」「諸獣……」「諸虫……」「諸魚……」の四章からなり、現存する昌益の著作の中では、最もリアルな当世、眼前の社会批判となっており、都市細民への温かい眼差しが窺える。

昌益は眼前の身分制社会について、都市細民＝ワーキングプアの窮状について、燕の口を借りて次のように述べている。「吾れ等、小鳥（都市細民）にして国・家を持たず、諸国流牢して、其の縁先、此の軒下に借家して、一生、家持たず……貧窮に暮らす……下に極窮の人出て、橋の下に雨宿りし、此彼の裏屋・庇の下に借屋し、疎食・疎衣して暮らす人、多し」と。そして、こうした窮状は、決して下民の自己責任によるものではなく、「王・侯、上に立ち、栄耀・珍味・美服する」ことの結果であり、権力者＝搾取者・支配者、寄生者による収奪と贅沢三昧があるからに他ならないとして、強い調子で告発している。

そして江戸期の身分制社会、階級社会における収奪の構造を「王は公卿の功を食らい、公卿は将軍の功を食らい、将軍は諸侯の功を食らい、諸侯は諸役人の功を食らい、諸役人は足軽の功を食らい、足軽は諸民の功を食らい、万民は、主は奴僕の功を食らい」として、「大が小を食らう」弱肉強食の獣世、人の世にあらざるものとして描き出している。つまり、「将軍―諸侯（大名）―諸役人（上級武士）―足軽（下級武士）」という徳川武家政権の上に立つものとして「王（天皇）―公卿（公家）」を置き、「王（天皇）」を頂点とする「不耕貪食の徒」による「栄耀・珍味・美服」こそが、都市細民＝ワーキングプアの悲惨な境涯を生み出す元凶であると、鳥獣虫魚の口を借りて繰り返し告発しているのである。こうした天皇論のどこが「尊王」論だと言うのであろうか。

ちなみに、徳川武家政権（幕府）と天皇・公家（朝廷）との関係、朝幕関係は、下剋上の戦乱の世を治め、天下を統一したはずの徳川武家政権の縊路であり、アキレス腱であった。つまり武威によって乱世を平定し、「禁中並びに公家諸法度」によって朝廷を礼楽の世界に押しこめることで、幕府は朝廷の上に立ち、朝鮮貿易において徳川家宣が「日本国王」と名乗ったように、実態上は「天下の人、皇家あることを知らず」（新井白石）と言われるほどに、朝廷は数ある大名家の一つ並みにすぎなくなっていたが、幕府の開祖である徳川家康自身が「征夷大将軍淳和《じゅんな》奨学別当従一位右大臣」という朝廷の下臣としての官名・官位を受けることで、その権威を保障されるという倒錯した関係にあった。

そのため、荻生徂徠が「天下の諸大名、皆々（徳川家の）御家来なれども、官位は上方（朝廷）より綸旨《りんじ》・位階を下さることなる故、下心には禁裏（朝廷）を誠の君と存ずる輩も有るべし」と早くから危惧していたように、幕末に至って尊王論が台頭すると、朝廷を「掌中の玉」とする倒幕派の前に、徳川慶喜は「大政を奉還」、実権を放棄することで崩壊していったのである。

こうした政権のねじれを背景に幕政を支えた儒者も、尊王論者とりわけ国学者も、真の日本国王の座が朝幕のいずれにあるかを巡って議論を闘わせており、昌益もそうした論議は当然のこととして視野に入っていたはずであり、また無縁ではなかったはずである。

昌益の権力観を生みだしたもの

では、昌益は何をもって、「王（天皇）」を「不耕貪食」、身分制社会の頂点に立つ者として批判したのであろうか。朝廷が幕府の上に立つ者とした観点は、「尊王」論者ならぬ昌益によって、どのようにして獲得されたのであろうか。昌益の朝廷批判の根拠は何によっているのだろうか。最後にこの点について考えてみたい。もちろん、昌益のように人類史総体を批判的に捉え返し、来るべき「平和で平等な」未来社会を構想した思想家の思想的根拠・思想的原点を安易に想定することは厳に慎まなければなるまいが、筆者はその一つが、刊本『自然真営道』前編の出版弾圧事件にあったものと考えている。

「宝暦三癸酉三月」の刊記を持つ刊本『自然真営道』は、これまで村上本と慶応本・北野本と呼ばれる二種類の存在が確認されており、前者と後者では出版元と内容の一部に明らかな違いが見出される。すなわち、前者にあった出版元「書林　江戸　松葉清兵衛」が後者では痕跡もあらわに板木から削り取られ、前者にあった「暦道の自然論」が後者では「国国自然の気行論」に差し替えられているのである。昌益の社会批判が全面展開する『統道真伝』や稿本『自然真営道』の一部ならばまだしも、いわば自然哲学・自然科学の範疇に入ると思われる暦に対する批判が、何故、出版コードに抵触し、内容の差し替えを余儀なくされ、共同出版の出版元の一方が降りるという事件にまで発展してしまったのだろうか。現在の我々からすれば理解しにくいことだが、それは暦の持つ社会的な意味が現在と当時ではまったく違うからである。

江戸期において「国政の太本」と言われた暦の公刊は、現在のような簡単で事務的なものではなかった。まず、江戸幕府直属の天文方《かた》による天体観測に基づいて翌年の暦が作成されると、京都の公家の一つ、土御門《つちみかど》家へと送られ、同家では中世以来の伝統に基づいて陰陽頭《おんみょうがしら》と暦博士に暦注をつけさせた上で、江戸の暦職へと返送した。江戸で浄書されると、再び京都に返送され、土御門家がこれを朝廷に上奏し、朝廷がこれを伊勢神宮に報告することで、やっとのこと印刷・配布がおこなわれるという、誠に煩雑かつおごそかな手続きを経なければならなった。いわば幕府と朝廷という徳川幕藩体制の最高の権力・権威の合作によって、神事の一環として作成されていたのである。

ところが昌益は「暦道の自然論」において、当代の暦を「今の暦は、国々・耕農・自然の気行に相合うこと無し」と批判することによって、朝幕合作による最高のタブーに触れてしまったのである。その結果、当該部分の差し替え、出版元の降板に止まらず、巻末に予告されていた「自然真営道　後編」「孔子一世辧記」の出版断念という事態に追い込まれ、徳川幕藩制による言論統制・抑圧構造を身にしみて実感させられてしまったのである。そしてそのことはまた、昌益にとっては江戸期の支配体制・権力構造をよりリアルに分析するきっかけになったことと思われる。

安藤昌益がインド・中国渡来の仏教・儒教を批判し、インド文化圏・中国文化圏から離脱し、三宅正彦らに誤読を誘うような、いわば国学者と同じナショナリスティックな位置に一時期は立ちながらも、それを乗り越え「尊王」ならぬ「朝廷（天皇）批判」に向かわせたきっかけが、この出版弾圧事件にあったと考えられるのである。

5　安藤昌益が見た江戸期の権力構造（続）——昌益の日本観・天皇観の変遷

昌益の著作については、発見者である狩野亨吉が「一種の社会主義、または無政府主義に類している」として懸念した主著である稿本『自然真営道』一〇一巻九三冊のおよそ九割が関東大震災によって焼失してしまった。一九七〇年以降、生業である医学関係の関連資料が次々と発見、紹介される中で、真営道医学、医師・昌益像の見直しが進んできてはいるものの、社会思想関係の資料の発掘は皆無である。よって、資料的な裏付けの補強は困難であるが、「出版弾圧事件」について今一度振り返って見るとともに、昌益の日本観・天皇観、権力観の変遷について概観してみたい。

『自然真営道』出版弾圧事件

昌益の主著には『自然真営道』と『統道真伝』とがあって、前者については、書名は同じながらも、百巻の稿本と三巻の刊本があることが戦前から知られており、稿本『自然真営道』とか『自然真営道』百巻本、刊本『自然真営道』とか『自然真営道』三巻本と呼びならわされてきた。前者が出版を想定して浄書された原稿本であるのに対して、後者は奥書に「宝暦三癸酉三月」の刊記があり、また、宝暦四年、京都の版元・永田調兵衛発行の『書籍目録』にも記載があり、出版が資料的に確認された刊本だからである。因みに刊本『自然真営道』には、北越にれっきとした読者（中岡一二斎）がいたことも確認され、ここでも出版が裏付けられたことになる。

なお、一九五七年『九州史学』に西尾陽太郎氏が「自然真営道『三巻本』と『百巻本』の関係を考える」を発表されて以来、現在では否定されているものの、戦前から戦後の一時期にかけて、三巻本は「時の為政者の禁圧にふれないであろうように」「その思想（百巻本―筆者注）の中から比較的抽象的思弁的な面、つまり一番危険がない点を刊行して出した」もの、「最も無難な個所を三冊発行」したものというのが、狩野亨吉以来の通説だった。

なぜならば刊本『自然真営道』には、「直耕」「自然の真道」といった昌益独自の用語や概念が一部に見られるものの、『統道真伝』「糺聖失巻」「糺仏失巻」や稿本『自然真営道』の一部に見られるような伝統教学（儒教・仏教・神道）、伝統社会、眼前の社会状況に対する激越な批判はほとんど見られず、三巻を通じて易・暦（運気論）批判を伴いつつ、自らが「明かした」自然哲学「自然真営道」の論述に終始しているからである。

ところが七二年、三戸の村上寿秋《としあき》氏が実家の土蔵から発掘された『自然真営道』三巻本の出現によって事態は一変する。「最も無難」だからこそ刊行されたはずの三巻本が、実は筆禍事件（出版弾圧事件）に遭遇していたことが判明したのである。

『自然真営道』三巻本はこれまで三セットが確認されている。一セット目は戦前、狩野が神田の古書店で購入したもので、現在は慶応大学に架蔵され、「慶応本」と呼ばれている。もう一セットは、安藤昌益研究会が農文協版『安藤昌益全集』を編集・執筆している過程で北野天満宮の文庫（同文庫への奉納本）から見出したもので、「北野本」と呼ばれている。もう一セットがくだんのもので、現在は八戸市立図書館に架蔵されているが、発見者の名前を冠して「村上本」と呼ばれている。慶応本と北野本は内容がすべて同じだが、村上本は所蔵者である昌益の高弟・神山仙庵の署名と蔵書印、第一巻の前半に仙庵や後人による書き込みがある上に、第三巻の一部と奥書に内容が違ったところのある、刊行前の試し刷り本と目されるもので、正確には「刊本」と呼ぶべきではないのかもしれない。

内容の違いとは、村上本の奥書には慶応本（と北野本）にはなかった「書林」（出版元）として「江戸　松葉清兵衛」の名が「京都　小川源兵衛」に先んじて記載され、また第三巻の「国国自然ノ気行論」が「暦道ノ自然論」となっており、約二・五丁（五ページ）分、五二行、一〇〇〇字余りに亙って本文が違っていたのである。

ということは、江戸と京都の版元による共同出版だったものが、何らかの事情で江戸の版元が降りて版木から削られ、「暦道の自然論」の一部、一〇〇〇字余りにも及ぶ内容が「国国自然の気行論」に差し替えられていたことを示唆していよう。村上本が出現するまでは、つまり慶応本だけでは、まったく想像もできなかった驚くべき裏事情――本文の一部差し換え、江戸の版元の降板という筆禍事件・出版弾圧事件――が隠されていたことになる。
因みに『自然真営道』三巻本は、慶応本・北野本・村上本のいずれの奥書にも「自然真営道後編　近刻　孔子一世辨記　近刻」とあり、刊行された現存の『自然真営道』が前編に当たる旨が示唆されており、また、後編および『孔子一世辨記』の出版が予告されているが、おそらくは出版弾圧事件との関係で刊行されなかったものと見られている。

そのあたりを窺わせる資料として、弟子筋ないし支援者から昌益宛ての以下のような書簡の断片が残されている。「先ず此の度は御延引遊ばさるべく候《そうろう》。又、折も節も御座有るべく候……時節来たり候得《そうらえ》ば、五百両も差し上げ申すべき心に相成り申し候」

昌益が関係者に資金援助を要請したところ、時機さえ到来すればいくらでも応じるが、現時点では応じられないとする内容のこの書簡は、一時は、昌益一門の蜂起に関する文書と見られたこともあったが、そうした荒唐無稽なものではなく、近年では、出版費用についてのやり取り、断り状と見られるようになってきた。

こうした筆禍事件、出版弾圧事件が、昌益にとって「江戸期の支配体制・権力構造をよりリアルに分析するきっかけになった」のではないか、「インド・中国渡来の仏教・儒教を批判し、インド文化圏・中国文化圏から離脱し……国学者と同じナショナリスティックな位置に一時期は立ちながらも、それを乗り越え『尊王』ならぬ『朝廷（天皇）批判』に向かわせたきっかけ」になったのではないか、との指摘は、「安藤昌益が見た江戸期の権力構造」で見てきた通りである。

昌益の日本観・天皇観——権力観の変遷

研究が進んできたとは言え、一時はその実在さえも疑われ、しかも主著の大半が灰燼に帰してしまった昌益の、諸著作の執筆年代の確定とその思想的発展を跡付けることは、きわめて困難だと言わざるを得ない。例えば、先に触れた『自然真営道』三巻本についての「通説」（既に完成していた百巻本から「最も無難」な部分を摘出、出版した）がそうしたものの一つである。

それればかりではなく、稿本『自然真営道』百巻本の第一巻「序」に記された「宝暦五乙亥二ヵ月」という年記についても、長い間、百巻本そのものの序文の年記、つまり『自然真営道』百巻本の完成時期の年記と見られ、今でもそうした理解による誤った紹介が後を絶たないが、実は農文協版『安藤昌益全集』編纂の過程で、『学問統括』と題する一四巻のシリーズ本が一〇〇巻の冒頭部分に編入されたものであり、「宝暦五」年の年記は『学問統括』シリーズ一四巻本の完成時期を示唆するにすぎず、稿本『自然真営道』百巻本全体の完成時期を示唆するものではないことが判明した。そして『自然真営道』百巻本は、昌益の死後、高弟の神山仙確（仙庵とも）が追悼の意味を込めて編んだ、いわば「安藤昌益遺稿全集」ともいうべきもので、比較的初期の著作から最晩期のものまでを網羅した「全著作集」と見られるようになってきた。いわば執筆時期の異なる著作群が年記のないままに混在しているわけで、執筆年代の確定と思想的発展の跡付けが困難な一因をなしていると言えよう。
とはいえ、まったく手掛かりがないわけではなく、先の西尾陽太郎氏の論考を嚆矢として、この間、昌益の著作の分析が進み、残されたわずかな年記や基本用語・基本概念等の使用頻度や使われ方に基づいて、ごく大まかに言って、初期（陰陽五行説時代：延享期以前）―中期（進退五行説時代：寛延期？～宝暦期前半）―晩期（進退四行八気説時代：宝暦期後半）と、思想的な発展があったことが跡付けられてきた。その点を踏まえた上で、以下、昌益の日本観・天皇観、権力観の変遷、発展を見てみたい。

昌益は、儒教・仏教・神道を、いずれも権力者および権力に寄生する権力擁護者によって恣意的に作為されたもの、法《こしらえ》られたものと見做して、儒法・仏法・神法と呼び、それぞれの経典を私法儒書・私法仏書・私法神書と呼んで、稿本『自然真営道』巻一～巻十四にあたる「学問統括巻」で、総括的な批判を行っている。

昌益思想の中期、それも比較的早い段階を反映すると見られる「私法神書巻」は、「記紀」に記述された天地開闢説や天神七代・地神五代の神話を、『易』や『淮南子《えなんじ》』といった中国の古典、「過去七仏」「五時の如来」といった仏教説話に依拠した法言《こしらえごと》であるとして文献学的な批判を行うとともに、「神世は即ち人の世なり」と喝破、天照大神以来の神々に仮託された国生み神話を、古代日本民族、つまり日本列島弧に生きた先祖の営々たる村落共同体の形成史として読み替えている。

その結果というべきか、歴代天皇を指標とする日本史の通史的記述では、神功皇后の「三韓征伐」や武烈天皇の悪逆振り、仏典や儒教経典の導入等々を批判してはいるものの、神武天皇の東征、崇神天皇による三種の神器の制定といった、後の昌益であれば口を極めて批判・否定する、天皇制の基礎となる様々な事象への批判的記述はまったく見られない。そればかりか、天皇の事績を記述する際に「……し玉《たま》う」と敬語を用い、仏典の導入によって「王威の衰う」ことや「日本の神威衰う」ことを憂えたり、蘇我馬子による崇峻天皇の殺害を「帝を殺す大逆心の者出る」として非難する記述には、天皇制への批判的観点は微塵も見られない。

そして、本文中に「宝暦二」年の記述のある『統道真伝』「糺仏失」では、仏教の導入を図った聖徳太子が「釈迦の大罪に継《つ》ぎて大罪を累《かさ》」ねた「日本の大敵」として断罪される一方で、仏教の導入に反対した物部守屋は、「日本第一の神忠臣」として称揚される。

守屋の口を借りて昌益は言う、「日本国は天照太神正統の発国、転定（天地）の東、天神初発の神国、万国の本・五穀豊穣・人情濃和……神人一和の国にして……無奢・無乱……豊農・穀盛の神国なり」と。また、こうも言う、仏法の導入により「転（天）神の妙胤なる神皇の帝威、仏法の為に奪われ王位益益《ますます》衰ひ……転（天）神初啓の日本、妙一の神国の行条、跡象も無く、妄迷・逆倒の乱国と為らん」と。

ここには、「私法神書巻」同様、「帝威」の衰微、「神国」の乱れを嘆く昌益はあっても、民衆に学び民衆の側に立ちきる、のちの昌益はない。前稿で、「国学者と同じナショナリスティックな位置に一時期は立ち」と指摘した昌益の姿が見られるばかりである。

そして、先に見てきた刊本『自然真営道』の筆禍事件（出版弾圧事件）――昌益にとって権力（朝廷と幕府による二重権力）の存在と威力をいやと言うほど実感させられ、己の未熟さを痛感させられるとともに、権力構造を見直すきっかけになったと思われる屈辱的な事件――が、宝暦三～四年にかけて勃発する。

この事件との先後関係は今のところ不明だが、少なくとも『統道真伝』第一巻後編「糺仏失巻」よりは後、宝暦三、四年前後に執筆されたと目される第四巻、最終巻である「万国巻」の第九章「万国の産物・人品・言語」の論には、やはり「日本国」の記述があり、日本国・日本神道についての肯定的な評価、儒教・仏教の導入によって日本古来の「自然の神道」が見失われ、世が乱れてしまったことへの批判・糾弾はあるものの、「神書巻」や「糺仏失巻」に見られたような「皇威」「皇統」を擁護する熱狂的な記述はいっさい見られない。

曰《いわ》く、「日本国は定（地）の北東隅より東に偏し……日輪運回の本なり。故に日の本と呼ぶなり……生ずる所の産物……五穀は小粒にして能《よ》く生ず。金・銀・銅・鉄は国用に満ち、諸木・財材は国人に足り……他国の物を用ひずとも凡て不自由無し」。

曰く、「今にも他国より来る迷世・偽談の妄教（儒教・仏教のこと）を省き去る則は、忽然として初発の転（天）神国の自然に帰して、永永、飢饉・寒夏・旱魃・兵乱等の患《うれ》ひ無き安住国」であるにもかかわらず、「書籍・文字の偽害（儒教・仏教の害）推し来れば、反って之れを貴び用ひて日本の正廉の神道の衰果となることを知らず」。

因みに、「日本の正廉の神道」とは、昌益が批判してやまなかった権力擁護のため作為された「神道」＝「神法」ではなく、日本各地の村落に脈々と受け継がれてきた「自然の神道」、すなわち自然への畏敬、自然との共生を謳う「自然真営道」のことである。

なお、「万国巻」には、長崎の地で今で言う税関吏（長崎商船奉行の下役）をしていた弟子の一人・京人某を通して知りえた海外知識に基づく、阿蘭陀や南蛮を始めとした、鎖国下という極めて厳しい情報統制下には稀な各国誌、各国史が綴られており、昌益自身の地理観・歴史観、世界観に大きな転換、発展をもたらしたさまが窺える。

例えば、オランダについての記述では、「生得に辱《はずかし》めを慎しみ義を守る心術なり……七国・七主同列に各各一志にして、私欲に国を争ひ奪与の乱戦無し……他国より責め来る有る則は、七国、一堅・同志して、勝工の妙防を為す……阿蘭陀開闢より争国・兵乱曾て之れ有ること無く、素《もと》より他国を責め伐つこと無し。無事の国なり」として、ユトレヒト同盟を基礎にスペインからの独立を果たしたネーデルランド北部七州の独立の気概、共和的な政体を激賞、漢土（中国）・天竺（インド）・日本の「三国、共に同じ幕中の喧嘩なり。奪ひても其の国に住み、奪はれても其の国に住み……僅かの上下を争ふは妄りに小児の戯れなり」として、日本を中国・インドと同列に置いて相対化すると共に、「予……阿蘭陀の為に之れを恥ず」と内省化し、日本についての自己批判的な捉え返しさえしているのである。

自己省察はこれのみに止まらない。「（阿蘭陀国の）婚姻の道は当《まさ》に正なり。巳《すで》に妻を娶《めと》り、一たび嫁して後、男は他女に交《まじ》はらず、女は他男に見《まみ》へず、互ひに夫婦の愛情を守り」という一夫一妻制を高く評価、「漢土・天竺・日本の如く、妻の外に妾を決《さだ》め之れに交はり、之れに倣《なら》ひて又妾の外に多女を抱へ置き……敢へて禽獣の交合に異なること無し。是れ、阿蘭陀の為に大恥辱に非ずや」と、上下を問わない一夫多妻的な婚姻制度とそれを範とした公娼制度、日本社会の在り様そのものが自己批判的に問い返されているのである。

ここにおいて昌益は、日本を「神国」として丸ごと無批判に擁護していた「神書巻」「糺仏失巻」当時の昌益ではありえなくなる。「王は官女と名づけ、侯は休所《やすみどころ》と名づけ、以下は腰元と名づけ、本妻に妾……と、女に女を附けて之れに交はり」と、諸侯（大名）ばかりではなく、王（朝廷）をも批判の対象とせざるを得なくなってしまったのである。

因みに執筆時期は不明ながら、東京大学図書館に残る『自然真営道』の断片の一部には、次のようなものがある。「……仏法・神法、皆、天下政事の大害なり。然《しか》るを弁《わきま》へず、返って政事の助けと云ふて之れを立つること、上に立つ王家・武家も、本、私を以て政事を立つる故に、私の法を貴ぶなり。以ては真道の為、凡《すべ》て大害なり」と。ここでは、武家の上に王家（朝廷）が置かれ、しかも武家（徳川幕府）のみが断罪され王家が擁護されるのではなく、王家・武家ともに「私を以て政事を立つる故に……凡て大害」と批判されている。昌益にあっては、「私を以て」とは私欲に基づいたもの、つまり自然の真道に外《はず》れ背くものとして、徹底的に批判される最大の悪徳なのである。

そして、「安藤昌益が見た江戸期の権力構造」でも概観してきたところの昌益晩期の作品と見られる「法世物語巻」での天皇観・権力観がある。

「将軍―諸侯（大名）―諸役人（上級武士）―足軽（下級武士）―諸民」という身分制社会、武力に基づくいわゆる徳川幕藩体制と、その上に君臨する「王（天皇）―公卿（公家）」という伝統的・宗教的権威の存在の確認であり、朝廷（権威）と幕府（権力）の共存共栄、すなわち役割分担・相互依存に基づく江戸期の権力＝「不耕貪食」という収奪の構造、「大は小を食らう序」の頂点に立つ天皇像の発見である。


「万国巻」における昌益の地理観・歴史観、ひいては世界観の深化・発展は、単に日本観・天皇観の相対化、国内矛盾への開眼に止まらない。

東夷国（アイヌモシリ）についての記述では、「金銀の通用」「上下の支配」「聖釈の偽教・妄説（儒教・仏教）」「文字（漢字）・学問」が無い、アイヌ民族の伝統的な社会を積極的・肯定的に評価し、シャクシャインによる蜂起は「松前の方より犯掠《はんりゃく》……貪り到」ったため、日本からの侵略・収奪があったためであると看破、「是れ、夷人私の罪に非ず」として是認・擁護されている。

また、北狄国（北東および中央アジア）の項では、「中国の聖人、中国の四端を呼んで東夷・

南蛮・西戎・北狄と号し……禽獣の如しと我等を嘲《あざけ》る……一動に怒り大いに蜂起す」として、中華帝国による華夷秩序を批判するとともに、「万国の人、凡《すべ》て転定（天地）と与《とも》に直耕して安食・安衣して、生死は転定と与にして……亢知にして道を盗める者有ることを知らず。聖人起ちて此の業を為し、罪無き衆人を下民と為し、或いは西戎・北狄と為し、直耕の転の子を謾《あなど》る……故に乱世と為るなり」として、地球上のあらゆる地域に無階級・無搾取の太平の世（自然世）が太古において存在していたとの認識を示すに至る。

つまり昌益は、「不耕貪食の徒」（支配階級・搾取階級）が「私に推して」権力の座に就くことによって、「自然世」（無階級社会）が崩壊し、「法世」（階級社会）に変貌し、現在に至っているとの認識から、「幾幾として経歳すと雖も、誓って自然活真の世と為さん」と、未来における「自然世」の到来・実現を期して、宝暦一二（一七六二）年一〇月一四日、土に還っていったわけであり、自然世（無階級社会）―法世（階級社会）―自然世（無階級社会）という、世界史・人類史を通貫する法則の認識にまで至っていたことになる。

昌益没して二五〇年余、東海の小島・日本列島弧に生起した幾多の思想・運動が、「神国」に躓《つまず》き、天皇教に躓き、現在もなお靖国神社の亡霊にすがる歴史修正主義者たちによって東アジアの緊張が無用に高められ、それを奇貨として、いわば自作自演の「脅威」をテコとして、戦後の「平和」秩序が破壊されてきている。こうした時に当たり、昌益の社会分析、権力認識、歴史意識の発展を見直すことの意味はことのほか大きいと言えよう。

あとがき

難産であった。思いもかけぬ無駄な時間が過ぎてしまった。本書は、『昌益研究かけある記』の続編ないしは続々編として、「安藤昌益の会」の会報『直耕』紙上でも「出すぞ、出すぞ」となんども触れてきたにもかかわらず、諸般の事情で遅れに遅れ、図らずもオオカミ少年（老人？）を演じてきてしまった次第で、忸怩たる思いは今も消えない。

その原因は筆者たる石渡と当初の出版社とにある。石渡は言うまでもなく、在野の素人研究者であり、研究に執筆に出版に生活を特化できず、とりわけここ何年かは「金無し、暇無し、人手無し」の貧乏団体のボランティア理事長として、アジア・アフリカの視覚障害留学生のお世話をしてきた関係で、なかなか原稿整理に時間を割くことができなかった。

それに拍車をかけてくれたのが出版社である。詳細は省くが、いっこうに出版に向けた姿勢が見られず、遂にこの五月半ば、誠に遅まきながら同社からの出版を断念した。

そうした経過を受診の際にこぼしていたこともあって、事情を察してくださり花伝社さんとの橋渡しをしてくださったのが健愛クリニックの増子《ましこ》忠道さんだった。増子先生にはこの間、私自身の主治医としてだけではなく、お世話をしている留学生や関係者の医療相談にも乗っていただいてきていた。この場をお借りして、改めて感謝とお礼を申し述べたい。

そして六月半ば、花伝社さんを訪問し平田勝社長にお会いして原稿をお渡しすると、「ほかならぬ尊敬する増子先生の紹介ですし、私自身、安藤昌益には興味がありますからね」と言って、一週間で原稿に目を通され、出版に応じてくださったのである。それからはとんとん拍子で進んだが、編集を担当された佐藤恭介さんには、だいぶご負担をおかけしたのではないかと胸が痛む。何しろ体系的にまとまった論稿ではなく、「安藤昌益の会」の会報『直耕』や市民運動の中でお付き合いのあるミニコミ誌等に、その時々、請われるままに昌益思想の一端を紹介した雑文の集成のため、文体も不統一な上、言葉足らずの所があったり、重複するものが多々あったりと、原稿整理がたいへんだったものと思われる。佐藤さんに感謝すると共に、読者の皆さんには内容上の不備をご寛如願うしかない。

今年、二〇二二年は「忘れられた思想家」安藤昌益の没後二六〇年、昌益の発見者・狩野亨吉の没後八〇年、戦後日本社会への紹介者ハーバート・ノーマンの没後六五年という記念すべき年にあたる。一〇月一四日の命日には、安藤家による墓参と大館での恒例の勉強会が予定されている。墓前に本書を届けることができそうで、花伝社さんには感謝の言葉もない。

農文協の『安藤昌益全集』が完結した際、安藤昌益没後二二五年『安藤昌益全集』完結を記念して三〇〇名規模のシンポジウムが日本教育会館で開催され、そのシンポジウムの記録は『甦る！安藤昌益』と題されていた。昌益には、ぜひとも甦ってほしい、甦らせたい、甦らせよう、という熱い思いを込めて。

それから今年でちょうど三五年、御茶の水書房から二〇一二年に出版された昌益ファンの論集は『現代《いま》に生きる安藤昌益』と題され、昌益の甦りを見事に裏書きしていた。また、昌益ゆかりの地・八戸には民間有志の手で「安藤昌益資料館」が開館し、国内外に昌益に関する情報を発信し続けている。大館でも毎年、「大館の先人を顕彰する会」の皆さんによって墓参・顕彰の行事が続けられている。こうして、昌益に心を寄せる人々によって、昌益研究は確実に深化・発展してきていると言えよう。

とはいえ、本書も含め、昌益研究はいまだ発展途上にある。昌益はまだその全体像を私たちの前に現わしているとは言えない。「忘れられた」思想家でなくなったとはいえ、いまだ「読まれざる」思想家である。そうした中、市民運動や福祉活動の一端を担う中で、昌益の原典に向き合い、昌益思想の豊饒さに気付かされ支えられて、齢七五歳を迎えられた感謝の意味も含めて、本書を『安藤昌益再発見』と題した所以である。

本書をきっかけとして、一人でも多くの皆さんが昌益の声に耳を傾け、昌益の想いに思いをいたし、地球規模での異常気象・感染症パンデミックが人々を襲い、戦争や暴力が打ち続き、資本や「政治」の力で格差が拡大する現代日本社会に、それでも希望を持って共に励まし合い、未来へ向かって歩んでいけるよう、心から願わずにはいられない。

二〇二二年九月

安藤昌益の会　石渡博明

初出一覧

はじめに

『週刊金曜日』第６８４号、２００７年12月21日、株式会社金曜日

第1章　甦る安藤昌益

１　安藤昌益を甦らせる人
『未来共創新聞』第20号、２０１４年9月30日、株式会社オフィス21

２　３・11と安藤昌益没後二五〇年
『人民の力』第９５６号、２０１２年１月１日、現代研究所

３　福島原発事故に「谷中」を思う
『人民の力』第９７８号、２０１３年１月１日、現代研究所

４　狩野亨吉の安藤昌益論を再読する
『現代に生きる安藤昌益』、２０１２年11月1日、御茶の水書房

第2章　安藤昌益の自然哲学

１　安藤昌益とエコロジー
『ＱＵＥＳＴ』第31号、２００４年5月31日、オルタフォーラムＱ

２　安藤昌益の生命論――公共哲学へ向けた内発的発展論として

第5章　安藤昌益の歴史観

1　安藤昌益の歴史意識とナショナリズム

『人民の力』第934号、2011年1月1日、現代研究所

2　ヘイトスピーチと安藤昌益

『人民の力』第1022号、2015年1月1日、現代研究所

3　安藤昌益の自国認識——いわゆる「愛国」的表現をめぐって

『直耕』第40号、2018年2月11日、安藤昌益の会

4　安藤昌益が見た江戸期の権力構造

『リプレーザⅡ』第3号、2010年12月22日、リプレーザ社

5　安藤昌益が見た江戸期の権力構造（続）——昌益の日本観・天皇観の変遷

『リプレーザⅡ』第8号、2015年8月24日、リプレーザ社

石渡博明（いしわた・ひろあき）
1947（昭和22）年、横須賀市生まれ。東京教育大学中退。経済協力団体勤務のかたわら安藤昌益研究に携わる。「安藤昌益の会」事務局長として会報『直耕』や『安藤昌益切り抜き帳』を不定期ながら発行。主な著書に『安藤昌益の世界』（草思社）、『昌益研究かけある記』（社会評論社）、『いのちの思想家　安藤昌益』（自然食通信社）などがあり、共編著に『安藤昌益全集』（農文協）がある。現在、発展途上国からの視覚障害留学生を支援する団体役員。

安藤昌益再発見――現代によみがえる「いのちの思想家」

2022年10月10日　初版第1刷発行

著者 ――― 石渡博明
発行者 ―― 平田　勝
発行 ――― 花伝社
発売 ――― 共栄書房
〒101-0065　東京都千代田区西神田2-5-11出版輸送ビル2F
電話　03-3263-3813
FAX　03-3239-8272
E-mail　info@kadensha.net
URL　http://www.kadensha.net
振替 ――― 00140-6-59661
装幀 ――― 黒瀬章夫（ナカグログラフ）
印刷・製本― 中央精版印刷株式会社

ISBN978-4-7634-2030-5 C0010